Crónicas Antiurbanas de un Anarquista Cósmico

Gotzon Monasterio

A tod@s l@s que formasteis parte de ASKATASUNA y a tod@s l@s Libertari@s del Mundo.

Askatasuna ediciones

– Bilbao (Basquecountry) 2016

Copyright © Oihen@rt 2016 - Safe Creative
1609019073693

Segunda Edición 2016-10-25

ISBN-13:
978-1534954564

ISBN-10:
1534954562

Prólogo de Mikel Orrantia Diez, Tar

Fundador de la Revista ASKATASUNA

Prologo intencionado para Gotzon Monasterio

Mikel Orrantia Diez -Tar. Fundador y dinamizador del Colectivo y Revista libertaria vasca "ASKATASUNA" (Bruselas 1970-1976 / Bilbao 1976-1980). Urdaibai, 06/2016.

Salud.

Conocí a Gotzon Monasterio en Bilbao en la segunda mitad de los años setenta del pasado siglo... Y, claro que ha transcurrido el tiempo, y hasta el espacio, diría: 35 ó 37 años después de nuestro convivir militante y existencial en los entornos de aquel añorado Colectivo y Revista Libertaria "ASKATASUNA", en aquel Bilbao, aquella Euskal Herria, y aquella España efervescentes y preñadas de libertad y rebeldía de allá por 1977-79... Es una vida, o varias, las que han transcurrido desde entonces, soy plenamente consciente de ello y supongo que Gotzon también: los dos hemos envejecido a las puertas de los setenta años, a él le siento más militante a mi más escéptico y un tanto nihilista (como me decía mi añorado amigo y también fundador de ASKATASUNA en el exilio de Bruselas (1970-76), Tomás Trifon).

Una vez visto el fracaso de los diversos intentos de reactivación que sucedieron al atentado fascista que asolo la Revista, la imprenta y la sede del Colectivo el 24 de agosto de 1978 en Bilbao, continuo Gotzon trabajando por sus ideas, tras distanciarse de los restos de ASKATASUNA, allá por el 1979, una vez que decidimos convertirnos en revista libertaria mensual y disolver el Colectivo anarco-comunista que dio vida y naturaleza al conjunto del proyecto de vida y militancia.

Leyendo sus memorias y artículos diversos, puedo decir que a Gotzon le atropello la vida y que peleo como gato panza arriba para remontar el atropello y tratar de vivir lo más acorde con sus ideas que fuese posible en un mundo y un país adverso, como tantos de nosotros. Le he leído que *"como anarquista abertzale estoy a favor de la independencia de mi pueblo pero sin estado o como tal se entiende el estado actualmente"* (2016).

Gotzon tiene mucho útil que decir hoy y aquí, como esto: *"Las organizaciones políticas de la IA (Izquierda Abertzale) e Izkierda vasca en general adormecida deben dejar su inactivismo político de masas y salir a agitar la calle, la fabrica y todo aquello donde se mueva la clase trabajadora en todas las vertientes y tipos de empresas, hay que despertar también las Universidades como en el 75, los centros de formación, los institutos. El Parlamento vasco es para lo que es y la calle es para actuar. Si realmente queremos el cambio este se producirá con el movimiento, centrarse solo en el institucionalismo adormece y retrasa los cambios sociales."* (2016). Al escribir lo que antecede, es probable que Monasterio estuviese pensando en su propia experiencia militante de la segunda mitad de los setenta del siglo pasado, cuando las instituciones absorbieron de entre las personas mas experimentadas de la militancia antifranquista y allí se comenzaron a perder las movilizaciones por una vida mejor y más libre en las calles y fabricas y pueblos de Euskadi y España entera.

No te voy a contar lo que el escribe; su historia y su mundo es el de la militancia en la Izquierda Abertzale, la relativa proximidad a las versiones mas progresistas de ETA... El enfoque libertario propio de la "escuela" ASKATASUNA, como el dice, le acabo llevando a comisaría detenido en los primeros años ochenta, de la experiencia resulto con sus carnes, conciencia y huesos maltrechos, maltratado por una policía que nunca ha terminado (en Euskadi y Navarra al menos) de quitarse de encima los (malos) hábitos adquiridos como policía política represora del pueblo durante la dictadura franquista... "nunca volví a ser el mismo", dice Gotzon de aquella experiencia policial.

No le perdí del todo de vista. Seguimos coincidiendo en las tascas o pub de Casco Viejo del Bilbao *la nuit* de aquellos años; en algunas de ellas con Gotzon de jefe de sala, organizando la vida nocturna de los clientes, cosa que resultaba siempre de agradecer: los buenos compañeros no olvidan... ¡Buenos ratos, voto a Baco y Venus y el Olimpo...! Probablemente, intentábamos matar la derrota sufrida en carne propia con el vivir desinhibido y un tanto canalla de aquellos aires que alguien llamo como de 'la movida' de los ochenta...

Se dice, y yo lo suscribo, que el Poder de Dominio omnímodo, que lo abarca todo, no necesita ser inteligente: es lo que es y punto. El Franquismo lo fue en España durante 37 años: ¿Cómo salir de aquello sin violencia...?. El sistema franquista devino antieconómico para el capitalismo que lo impuso y de el se beneficio. La contestación al Régimen abarcaba ya a distintas clases sociales incluidas la burguesía que deseaba vivir con la libertad homologada en las democracias europeas. Había pues que buscarle una salida airosa: Ellos se pelearon entre continuismo reformista o reforma constitucional democrática a lo "Gato pardo" *lampedusiano* (cambiar para permanecer). Nosotros deseábamos con el agua de mayo que todo se viniese abajo, la Ruptura y la implantación de al menos un República Federal de carácter progresista y de justicia social y económica. ¿¡Como en Noruega y Suecia, al menos!? Pues fue soñar en utopia irrealizable...

El final del franquismo era insoslayable. El Pode de dominio mundial había movido ficha en los sucesos de España y tenia sus alfiles y otras figuras de influencia y poder en el tablero de la historia bien entrenados, financiados y posicionados. El futuro seria una Reforma continuista que posibilitase un control total sobre la ciudadanía y los trabajadores mas progresistas, una desarticulación y una derrota casi absoluta de sus expectativas daría al traste con sus capacidades de influencia y desplazaría a sus militantes mas avezados hacia los puestos de influencia, responsabilidad y posición económico social del nuevo Régimen: así sucedió finalmente. En unos poquísimos años, el final de la Transición (1978-1982) vio como sonaban airosas ¡y tronantes las trompetas del sálvese quien pueda, y un ejercito de exRevolucionarios devinieron reformadores y se alistaron en las filas de los partidos y sindicatos transicionales y reformistas como la socialdemocracia o el eurocomunismo... Pena: perdimos. Para 1980 la derrota era total y la huida hacia el conformismo una avalancha. Yo mismo me fui a buscar empleo y, con mi compañera, trabajamos para ganarnos la vida y sacar adelante nuestra familia ya con tres hijos casi adolescentes, con la vida delante y los bolsillos vacíos, tras cerrar ASKATASUNA, tirar la llave y pagar las ultimas deudas… Como Gotzon, como tantos y tantos…

Pensemos que en Euskadi la fuerza de atracción del movimiento popular que se había ido nucleando entorno a ETA y a la Izquierda Abertzale devino a la sazón el único movimiento de masas que en Europa continuaba ocupando el espacio público con dinámicas de lucha social y callejera y alternativas izquierdistas y nacionalistas. ¿Lo peor?: según yo lo viví y lamente, que a medida que el activismo de ETA devenía militarista y autoritario, no solo se cargaba de armas sino también y fundamentalmente se cargaba de razón, al tiempo que se alejaba cada vez más de la mayoría social de su propio pueblo que le pedíamos a gritos en la calle que parase, que abandonase la lucha armada y dejase paso a la lucha política, cada paso adelante en su error que daba ETA y la IA, su practica iba cayendo mas y mas en el terrorismo y creando un tremendo foso que les separaba del resto de su propio pueblo, lo que acentuaba en su corazón la idea de ser los "elegidos" para la gloria de su patria... Un fenómeno por lo demás muy poco original, histórico y universal: le ha pasado al anarquismo muchas veces en su historia y también al leninismo mas dogmático... cuando parecen decir que "para atraer al pueblo propio que se aleja de mi, nada mejor que sembrar el terror con la dinamita": ¡falso, terriblemente falso!, ese es el camino de las derrotas mas graves, las que dejan al pueblo sin organizaciones, sin movimientos rebeldes y revolucionarios durante décadas; cuando pasa el terrorismo, se sucede la represión y el alejamiento del pueblo y queda la tierra quemada, infértil... Así ha sido, como yo lo veo.

El Sistema, el capitalismo es viejo y relativamente sabio, más poderoso que sabio, bien es cierto, y supo sacar tajada de la derrota de las fuerzas antifranquistas rupturistas, rebeldes y revolucionarias... y de la continuidad terrorista y aislada de ETA. Perdimos la lucha frente a los continuistas mas moderadas y a los reformistas del Régimen y de la Oposición liberal y socialdemócrata.

<El capitalismo sabe que un golpe de estado derechista y conservador acojona muchísimo>.

Casi 40 años de Franquismo dejaron a los españoles adoctrinados por el nacional-catolicismo y tardaron décadas en rehacerse de nuevo débiles organizaciones de lucha que no pudieron acabar con el Régimen, cuyo dictador murió en la cama entre procesiones de cientos de miles de españolitos que visitaban su féretro y le pedían a su dios que no volviese la guerra civil a llamar a las puertas de sus casas... La técnica del "golpe de estado" autoinfligido por el capitalismo cuando el fantasma del cambio coge fuerza y les da miedo, es vieja y muy usada, Después de España 1916-39: Chile y Argentina en los comienzos de los setenta permitió al doctrinarismo liberal capitalista liquidar a la oposición socialista radical y alinear a las poblaciones con el terror estatal dictatorial por décadas garantizándose el monopolio de la fuerza y de la extracción y control de la plusvalía. Del valor de las cosas y personas... Honduras, recientemente es otro caso... ¡ Hay que tener memoria ¡ Pensemos el efecto que tuvo en España el golpe de los de Tejero (¿y quienes más?) en febrero de 1981... La LOAPA y los ajustes legales que restringieron la movilidad y las libertades y derechos de los españoles y de sus autonomías fueron brutales; ¿lo peor?: el acojono y la desmovilización de los propios españoles frente al sable y la metralleta y el tanque… aquello enterró los restos del rupturísmo progresista…

Entonces, iniciada la década española (y vasca), de los setenta del siglo pasado, libertaria y reformista como pocas, ya en su segunda mitad, el tardo-franquismo encarcelaba, reprimía, exiliaba y mataba a sus opositores, bien que comenzaba inteligentemente a tolerar a los más reformistas entre ellos para abocarlos finalmente a pactos de "reconstrucción nacional" enmarcada en un "nuevo" capitalismo democrático de juego parlamentario controlado por el capitalismo dominante que excluyese de el a los más rebeldes y revolucionarios.

El pueblo llano y los trabajadores comenzaban a desarrollar luchas solidarias en tajos, fabricas y barrios. Muy limitados por el miedo y el conservadurismo inculcados aunque con hambre de libertad "a la europea", sus movilizaciones eran coyunturales, espontáneas sin objetivo político claro organizado; un pueblo llano todavía con unas altísimas tasas de analfabetismo técnico, cultural y político, con un miedo medular a la confrontación inculcado por un régimen de terror nacional-católico, y más si cave a la guerra, tras la derrota de la democracia republicana, los derechos humanos, las libertades y el desarrollo social, cultural y económico a manos del golpismo conservador 1936-1939.

Las clases poseedoras detentaban todos los resortes del poder de dominio: el económico, la judicatura, la enseñanza y la cultura, el militar y policial, el trabajo y el salario... hasta que se dieron cuenta que todo ello podía saltar por los aires si se prolongaba la dictadura franquista una década más. Sus socios europeos y norteamericanos así se lo hacían ver ya que ellos mismos pagaban caro en sus ciudades europeas, la solidaridad de sus connacionales demócratas para con las victimas de la represión franquista en Euskadi y en toda España.

Los trabajadores y el pueblo llano español tenia una incipiente conciencia socialdemócrata, y gracias, pero era honrado, solidario con los represaliados y entre compañeros y vecinos, se había hecho antifranquista, y soñaba desde una década atrás con la democracia y la libertad y el desarrollo y buen vivir y convivir en paz que poseían sus homólogos europeos, y ello le convertía en un riesgo enorme para el sistema si se prolongaban las confrontaciones y se generalizaba la progresiva toma de conciencia de las gentes y su organización en vías revolucionarias o potencialmente radicales frente a las oposiciones políticas que se fraguaban al Régimen.

El riesgo no solo era para España (que era ya Atlantista, pro-EE.UU. con bases estratégicas en su suelo), lo era también en medida relevante, por empatía y solidaridad, para los vecinos europeos y el *establisment* de poder de dominio mundial. Lo que determino la aceleración del final del Régimen franquista y su remplazo por una democracia pactada con amnistía para "los dos bandos" de la Guerra Civil y de los 38 años de dictadura (Golpe de Estado fascista de 1936 – Referéndum e implantación de la Constitución democrática de 1978).El Capitalismo español de la época gozaba de unas cuantas mentes clarividentes; el transnacional también: y obraban en consecuencia organizándose para gestionar con guante de terciopelo en mano de hierro una transición española hacia la democracia, incruenta, "pacifica" y sin procesos penales a las familias que constituían históricamente el núcleo de poder de dominio y que habían apoyado el golpe de estado y al franquismo, y se habían beneficiado muy mucho de el y su control social.

Los demócratas antifranquistas y las izquierdas moderadas, por su parte, habían comprendido, casi dos décadas atrás, que no era posible una victoria militar o en enfrentamiento directo contra el Franquismo, apoyado como estaba por las potencias en su confrontación con la URSS y la inestabilidad de las revoluciones nacionalistas de liberación y anticoloniales, y de los propios movimientos izquierdistas revolucionarios. (Aquel era un mundo que devenía inestable para los regimenes democráticos salidos de las guerras mundiales: véase los mayos del '68 (México, Checoslovaquia, Francia, Alemania, Italia; las enormes movilizaciones contra la guerra de Vietnam en el corazón del imperialismo USA; las luchas estudiantiles en el mundo capitalista; la revolución de Cuba, Argelia, Corea, etc...) : El franquismo era una garantía de estabilidad frente al radicalismo potencial de los españoles y su posicionamiento eventual del lado de los no-alienados y de la revolución...

Tantos los reformadores desde el interior del régimen franquista (desde el recientemente nombrado Rey Juan Carlos hasta los llamados liberales del franquismo, Suárez, etc...) como los reformistas de la oposición democrática y liberal al franquismo, estaban siendo asesorados por los poderes de dominio europeos y estadounidenses para que pudiesen hacerse con el poder vía democrática mediante, para integrar las movilizaciones y disolverlas en las instituciones y cambiar lo imprescindible para que todo lo esencial (el capitalismo liberal y la democracia tutelada) perviviese y se desarrollase unas cuantas décadas más... ¡Lo lograron, pardiez, claro que lo lograron...!

Quizá, todo aquello que vivimos contra franco no daba más de sí…Hablando de la experiencia transicional mexicana, John Ackerman ("El mito de la transición democrática" (2014)) dice que "Uno de los mitos más nocivos, que debilita la movilización social y el desarrollo de una conciencia crítica entre los mexicanos, es la idea de que en la última década y media "transitamos" hacia un régimen político más democrático. Antes de las elecciones presidenciales de 2000, teníamos perfectamente claro que vivíamos en un sistema autoritario y que hacía falta empujar hacia un cambio estructural del régimen. Hoy se supone que solamente se trataría de mejorar el funcionamiento de lo que ya tenemos.

http://johnackerman.blogspot.com.es/2014/0 5/el-mito-de-la-transicion-democratica.html

---

Por mi parte, me aleje de la primera línea de activismo militante tras la derrota política del final de la década de los setenta del pasado siglo, allá por 1981-82. Acumulaba la decepción por el que hacer oportunista y narcisista de los políticos y sindicalistas profesionalizados, sedicentes de "izquierda" o "progresistas" (los derechistas son como son y viven en su propio mundo), así como la ambición de poder, reconocimiento y riqueza de intelectuales y "académicos", periodistas y teóricos, etc... Muchos de entre ellos, han continuado pontificando desde sus seguras plataformas funcionariales, endogámicas, bien pagados, con buen vivir, y con espacio mediático relativamente asegurado, etc..., lo cual fue sido tan decepcionante o mas que la propia derrota; pero, sobre todo, lo peor de lo peor, como yo lo viví, fue la elección por un vivir consumista y conservador por parte de unas masas ciudadanas que parecieron descubrir el camino del éxito del capitalismo (¡aquí, todo cristo se hace capitalista!), cada década que ha pasado más y más desnortadas, desorganizadas e integradas, lo que, tal como yo lo veo, hace que suframos ahora las consecuencias de este capitalismo escorpión que nos explota in misericorde, y lleven unos años "decepcionadas y de regreso a un cierto populismo apolítico o sin ideología...

Algunos encontramos el éxito profesional en la derrota, los caminos del vivir son insospechados. Yo mismo me dí cuenta que savia mucho de comunicación, y hablaba francés correctamente por mis años de trabajo y estudio en Bruselas; me fui a Francia, compre varias decenas de libros, estudie lo que allí y aquí se hacia en las empresas más avanzadas en comunicación corporativa empresarial, innove y reestructure el sector cambiando las "putas y varios" que se practicaban por ciencia social a la francesa o hibrida que me fui inventando, y harto como estaba de la política y la militancia, funde mi propia empresa familiar de asesoría en comunicación a empresas, y tuve mucho éxito, una década de éxito, hasta que llego la influencia del poder, la competencia que salía de los despachos gubernamentales y de los periodistas figura de las mejores redacciones del país y, junto con la multinacionales del sector que aterrizaron en España, fueron ocupando el espacio... y hasta hoy. Nunca abandone la militancia, un poco como tantos. Apoye a Euskadiko Ezkerra, principalmente por su progresismo y por como supo acabar con los polimilis sin deshonra; esperando que cundiese en la ETA militar que continuaba contra mi opinión, una más. Apoye la integración de EE en el PSOE vasco: me equivoque; lo abandone pronto y las ofertas y los cargos que me dieron... y dedique mis esfuerzos a la creación de un *convivial* colectivo socio-cultural en Sestao y la Margen Izquierda de la Ría bilbaína: BURDIÑA (1994-96), todavía sigue haciendo cosas, multitudinarias a veces. Fue, es un buen lugar de encuentro de personas creativas, la mayoría ex militantes de izquierdas de lo que di en denominar Burdiñaldea... ¡ Bien hecho ¡

A Gotzon le he reencontrado estos últimos años gracias a las redes sociales, junto con una vida bastante satisfactoria desarrollada a lo largo de todo este tiempo... Si, así es: tiempo y espacio han cambiado totalmente este País y sus entornos de convivencia, trabajo, consumo y aprendizaje. Y a todos nosotros.

Así se aprecia en parte leyendo las crónicas de Gotzon Monasterio en las que sangra con pasión sus percepciones sobre la tinta del acontecer, ahora hechas libro para memoria y deleite de sus amigos y lectores de las Redes Sociales y la sociedad vasca a la que ama: "¿Acaso el estado y los criminales del franquismo han hecho autocrítica del horror causado en el pueblo vasco? ¿Acaso el Estado español durante el periodo de las acciones de ETA y después no ha realizado abusos de poder y violencia, ha hecho autocrítica?", señala. Dice Gotzon Monasterio en su libro, que prologo aquí y ahora, que "La miseria de la democracia burguesa es hacernos creer que todos somos libres e iguales y que podemos ser tan ricos como la oligarquía capitalista neoliberal que hoy en día gobierna el mundo. Esta falsa ilusión que es alimentada con la creación de las clases medias, es la que en parte ha desmovilizado a esos mismos trabajadores/as que han perdido su conciencia obrera."

Respecto al anarquismo: ¡ha cambiado tanto, y, tanto permanece inamovible!: hay ahora (les ha habido siempre) por Europa y America Latina, también en los EE.UU., anarquistas que buscamos vía pragmática como integrarnos en los movimientos sociales de nuestro entorno, como dar respuestas a las personas y masas de ciudadanos que deseamos vivir mejor ya, mientras (si o no) caminamos hacia la utopia soñada de los padres fundadores de la Iª Internacional Obrera. Se trataría de volver a pensar desde la perspectiva de hoy para mañana en asuntos vitales como: la Democracia y un cierto Estado como organización diferente a la del capitalismo y del socialismo estatista ya conocido por sus fracasos terribles. Un volver a pensar sobre el Poder, la Autoridad, La Delegación y la Representación, la Asamblea y la Autogestión, la Acción Directa... etc... Y lo estamos haciendo, sea ello anarquismo u otra cosa, porque lo vemos necesario, imprescindible, para la libertad fraternal e igualitaria confederal y universal que deseamos para el progreso paso a paso de nuestros pueblos y países y naciones (como Euskal Herria y Catalunya), uniones regionales (como Europa o America Latina), y la humanidad.

Señalar que a estas alturas de mi vida, saber y experiencia, me defino como libertario, socialista (o comunista), demócrata, confederal y cosmopolita; como vasco, en esta etapa, soy independentista (hay que rehacer España (mejor 'Iberia') desde la soberanía de cada uno de los pueblos, culturas o naciones que la componen y lo deseen: ir hacia una unión libre y confederal de naciones de España, o similar..

Entiendo que no habrá posibilidad alguna de derrotar al capitalismo sin unidad generalizada de las clases mas desfavorecidas trabajando por ello en una gran organización río que nos integre a todos los afluentes y en la que compartamos estrategias globales y libertad ideológica y de debate y opciones y unidad de objetivos y método estratégico... Un gran río plural y diverso y vital, unido por una confederación entre corrientes aliadas solidariamente para lograr el socialismo y la libertad, en una democracia plena que nos libere del capitalismo y permita una sociedad de progreso en paz y libertad.

Por mi parte y con el permiso de Gotzon Monasterio que me ha pedido este prologo, voy a intentar sintetizar algunas ideas al respecto de un "PROGRAMA LIBERTARIO

DE TRANSICIÓN A LA DEMOCRACIA", que quizá resulten de utilidad para la reflexión y el debate abiertos y en curso; veamos:

1. Hablar de "programa de transición" en medios anarquistas y/o libertarios es para mi una satisfacción ya que entiendo que el movimiento esta necesitado de pragmatismo si desea integrarse y significar en los movimientos sociales de nuestro tiempo y llegar a convertirse en una alternativa frente al capitalismo 'escorpión' que alcance a ser considerada por los ciudadanos como posible vía de militancia y actividad política alternativa... Aquí hay mucha tela que cortar, lo dejo para otra ocasión.

2. En primer lugar se hace preciso efectuar una síntesis de todas las posibles alternativas que trabajamos en la determinación de un programa de mínimos útil y aceptable desde una cierta cultura libertaría y que seduzca también a autónomos, asamblearios y marxistas no autoritarios, recogiendo en un documento único las aportaciones de personas y corrientes diversas alrespecto, que, en la mayoría de los casos, por otro lado, no veo contradictorias sino complementarias. Facilitaría la lectura,

aportaciones nuevas y debate... Un recuerdo para la Plataforma que debatida en ASKATASUNA publique en mi libro POR UNA ALTERNATIVA LIBERTARIA Y GLOBAL (1979), quizá sería útil releerla...

3. Si deseamos situarnos apropiadamente para el debate entre nosotros y con otras corrientes menos y mas libertarias o marxistas y hasta leninistas y socialdemócratas, hacia esa gran confluencia socialista democrática anticapitalista, se hace necesario, entre otras cosas que deberíamos estudiar y resolver paso a paso, definir y explicarnos y explicar que tipo de sociedad queremos, como vamos a vivir, como vamos a repartir el tiempo libre, el trabajo, el estudio y la investigación, la aportación intelectual y al ocio y la cultura... y, como crear riqueza suficiente y repartirla...: Que vamos a producir, para que y como vamos a hacer (incluido el reparto del trabajo), y como vamos a distribuir lo producido...

4. Dado que el mundo se ha desarrollado hasta lo global y multifacético y universal: ¿habrá división global del trabajo? ¿quien hará que y como se intercambiaran los productos y

servicios...? ¿División del trabajo local, regional, nacional, continental, global...? ¿Como administraremos el estudio de necesidades, la planificación de la producción, la formación y la investigación, etc. para mejorar la calidad de vida de las gentes, de todos nosotros...? Lo de las asambleas de barrio y fabrica (¿que barrios y que fabricas y para que...?)... se me queda de manual del siglo pasado, antes de la escalada del capitalismo financiero global, dicho neoliberal, que nos caracteriza, ese al que llamo escorpión por lo ciego y dado a su impulso genético.

5. ¿Por qué? : La ciudadanía, yo mismo, para moverme y arriesgar, necesito saber que voy en dirección de algo notablemente mejor que lo que hay, ¡ y que tal proyecto es realizable ya...!

Ya se, este debate parece de sabios, y es que el mundo, nuestras sociedades, nosotros sus habitantes, somos, son tremendamente complejas, y nos dirigimos a personas altamente cualificadas a las que proponemos cambiar el modo de vida...

Para hacerlo, hay que organizar la sociedad,

producir más que lo que consumimos para destinarlo al intercambio y poder así acceder a otros recursos (¿que, cuanto hacer, como y donde hacerlo?), recaudar fondos, planificar y administrar la enseñanza, la salud, la cultura, el ocio...: Yo, a llamar Estado a todo esto, le he perdido el miedo de mi etapa anarquista : le llamo Estado y hablo de democracia. Y, me sigo considerando libertario: porque amo la libertad como elemento central y definitorio de la humanidad y de la convivencia, y el método de colaboración coordinación y puesta en común confederal... al igual que la fraternal solidaridad y la defensa de la diversidad y el respeto estricto por todo ello.

Hablemos para terminar de la experiencia "ASKATASUNA", esa que nos marco tanto a Gotzon Monasterio como a este que suscribe en los años setenta del siglo pasado.

El eje vertebrador de la investigación histórica de mi reciente trabajo académico Fin de Master en la upv/ehu, se configura sustancialmente sobre la experiencia de los libertarios del Colectivo y la Revista "ASKATASUNA" (Bruxelles 1970 – Bilbao 1980); periodo en el que vivieron y desarrollaron su actividad editora y militante, relacionándose con personalidades y grupos de las corrientes políticas mencionadas e interactuando con ellos. Su experiencia fue dividida metodológicamente para su estudio, en dos periodos:

a. Hasta 1976, en su primera etapa, el Colectivo y su revista se relacionarían con las organizaciones de Oposición al franquismo en Bélgica y Francia principalmente; también lo harían con grupos de esas corrientes mencionadas, principalmente anarquistas, y nacionalistas vascos revolucionarios, de Bélgica, Italia, Francia, España, Portugal, y algunos que otros escarceos en Latinoamérica y otros rincones del mundo; existiendo correspondencia e intercambios al efecto desde rincones como Hong Kong o Caracas, Chile y los EE.UU..

b. Desde junio de 1976, los exiliados del colectivo van regresando a Euskadi. Junto a los nuevos militantes que se incorporaran al Colectivo en esos primeros meses, dará lugar a una segunda etapa de su vida desde su sede en Bilbao que será establecida en la c/ Bertendona n°2 de Bilbao como imprenta, librería y redacción de la Revista además de sede del Colectivo.

ASKATASUNA fue más conocida en esta segunda etapa en el País Vasco y España por su participación en primera línea de la reconstrucción de la CNT, por sus publicaciones y la imbricación de sus militantes en las luchas obreras, culturales y populares; así como por sus trabajos editoriales y la edición y difusión de la Revista libertaria ASKATASUNA que llego alcanzar tiradas de

15.000 ejemplares y 4 lectores por ejemplar a mediados de 1980, según encuesta propia (1980).

Un aspecto vital de su acción e influencia proviene de sus publicaciones: por ello, sus revistas, folletos, carteles, pegatinas, libros, artículos de opinión y conferencias, etc…

Todo quedo arrasado y destruido por el atentado contra su sede social, redacción e imprenta, con bombas incendiarias. Atentado sufrido durante las fiestas de Bilbao, la noche del 23 de agosto de 1978, en sus locales de la c/ Bertendona nº2 (Bilbao), a manos de un grupo de jóvenes fascistas, posteriormente identificados a través de nuestras propias redes de información y detenidos por la policía. Declarados menores de edad e insolventes, se libraron de costes frente a su atentado. Las perdidas materiales alcanzaron los 8 millones de pesetas de la época, obtenidos por el desembolso de los ahorros de sus militantes y simpatizantes, principalmente por parte del núcleo que en ella trabajaba y se ganaba el pan y el vivir.

4. HIPOTESIS.

Una de las cuestiones principales que se plantea, la formularemos así: ¿porqué se disolvieron sin apenas incidencia posterior...?: Tras una década de activa presencia militante, social, política y cultural, primero en el exilio antifranquista en Bruselas y colaborando con los grupos radicales belgas nativos y allí residentes y exiliados de carácter anticapitalista y revolucionario, y luego también, desde allí, fomentando y participando de relaciones internacionales de colaboración en las luchas antisistema... A pesar de ello, más tarde, al final de la década de los setenta, en el País Vasco y España, se disolvieron como azucarillo en café...!?

¿Qué hicieron durante el periodo de vida del Colectivo? ¿Quiénes fueron? ¿Cuál fue su incidencia real en la oposición radical al franquismo, en el Exilio primero y, después, en Euskadi? ...Otras tantas preguntas que planteamos en este trabajo de investigación. Para conocerlo y describirlo apropiadamente, además, abriremos el campo de estudio de forma más general sobre los libertarios vascos (entendidos en el sentido más "antiautoritario", amplio y abierto posible del concepto, así: anarquistas, consejistas, autónomos, anarcosindicalistas, nacionalistas libertarios e incluso marxistas heterodoxos antiautoritarios), en el periodo señalado.

4.1. Principal: responde a la cuestión del ¿porque los libertarios no lograron unirse entorno a una opción confederal propia que les permitiese actuar y figurar (ser vistos) desde sus propias identidades y tendencias, y con la representación política que parece alcanzaron, estando como estuvieron disgregados, e integrados y activos en 'otros' entornos organizados, durante la transición en Vasconia...?

La división de los grupos y organizaciones alternativas libertarias en la Transición a la democracia española en Euskadi (periodo 1970-1980) fue un obstáculo para su implantación organizativa entre los movimientos sociales y políticos de la época.

4.2. Adicionalmente, se tratará de investigar si la enorme capacidad de succión de simpatizantes y militantes de toda tendencia, y también libertarios, por parte del movimiento, del activismo y organizaciones de la denominada Izquierda Abertzale, arropado entorno o tras el fenómeno ETA, fue el motivo que dificultó o imposibilitó la formación y consolidación de un movimiento y organización específicamente libertario en Euskadi. Es este uno de los aspectos clave a tener en cuenta.

Muchos de aquellos libertarios fueron tentados de buscar el arrope de organizaciones de masas desde las que trabajar sus ideales militantes: el entorno de ETA y/o el de la CNT, fueron para muchos de los libertarios del periodo, los dos polos de atracción entre los que se movieron y dividieron, a otros, aquello les llevo a la inacción, la soledad o el nihilismo.

4.3. Adicionalmente: Contemplamos la hipótesis de que la división identitaria de los libertarios en bloques de afinidades enfrentadas, dificulto el entendimiento entre las personas y los grupos existentes (organizaciones, grupos e individuos varios, y diversos colectivos presentes en la vida social, política y cultural vasca del periodo).

4.4. Adicionalmente: A su vez, el Colectivo y la Revista ASKATASUNA, que había iniciado su andadura al comienzo de la década de aquellos años del cambio en España y Euskadi, se evidencia como un polo de atención y atracción especifico que le permite sobrevivir y desarrollarse, logrando una influencia destacable en el movimiento y entre los libertarios vascos y españoles del periodo.

4.5. Adicionalmente, además de por el proceso histórico, lo que paso y se hizo durante el mismo, nos interesa comprender y explicar las influencias: el de donde venían aquellos libertarios, el periodo previo y aquellos años...

Las identidades de los libertarios en presencia:

(1) NACIONALES: "Nacionalismo revolucionario vasco" vs. "españolismo" (o, "identidad vasca" vs. "identidad española"). Señalar que la "identidad española" era considerada por sus seguidores libertarios, anarquistas o anarcosindicalistas, muy a menudo, como "internacionalista", "no nacionalista". Interviene así mismo las afinidades identitarias militantes como "internacionalistas o globalistas" vs. "localistas y/o nacionalistas".

(2) POLITICO SOCIALES: identificación (en muchas ocasiones dogmática) con la historia del anarquismo, según interpretación ad hoc de algunos dirigentes, y, destacadamente, con, por una parte, el anarcosindicalismo (CNT) y, por la otra, la negación y propuesta de superación de la dependencia ideológica, organizativa y política del movimiento histórico anarquista, por medio de la evolución, adaptación o ruptura con la historia pasada, y también por medio de la incorporación de otras experiencias e identidades varias del socialismo revolucionario, provenientes de las diferentes ideologías del mismo: las teorizaciones y experiencias habidas desde el marxismo critico, y otros como: el consejismo, espartaquismo, luxemburguismo, asambleismo y otras experiencias socialistas revolucionarias del periodo de comienzos del siglo XX en Europa, y también, muy importante, del anterior y posterior al 'mayo del 1968' europeo y mundial, diferentes al leninismo y sus corrientes contemporáneas; además de las influencias provenientes de los movimientos nacionalistas revolucionarios, contraculturales y antiimperialistas del siglo XX.

Aquellos libertarios, según nuestras hipótesis de trabajo, se enfrentaron en un divorcio total desde mediada la década de los años setenta. Por un lado, el anarquismo y el anarcosindicalismo histórico ortodoxo; por el otro, la búsqueda de un nuevo socialismo revolucionario, libertario, no autoritario, multiforme y ecléptico, adaptable para hacer frente a los retos del mundo global, del nuevo capitalismo transnacional, de la nueva división del trabajo, la desaparición de la clase obrera tradicional y los nuevos paradigmas emergentes en la época.

Sorprende en Euskadi la falta de colaboración y de experiencias compartidas consolidadas, incluso de interés por la eficacia y la supervivencia puro y duro, de los 'unos' por los 'otros': colectivos, personas y tendencias libertarias, en las que cada uno parecía poseer la razón única. Ello fue la causa de tener en el periodo la falta de 'continuidad', de transmisión de experiencias para con las nuevas generaciones que emergían en los comienzos de los ochenta, a partir del desencanto y del cierre de capitulo militante personal, para muchas personas de aquellas generaciones involucradas en las luchas de oposición y alternativas, al régimen franquista, a la alternativa conservadora monárquica (que triunfaría) y al propio capitalismo que los sustentaba .

5. INFLUENCIAS: El marco histórico general de aquellos años en los que nacieron el Colectivo y la Revista ASKATASUNA y los grupos libertarios vascos.

Años atrás, ya desde el inicio de este trabajo de investigación, nos ha preocupado conocer las influencias políticas e históricas que experimentaron aquellos jóvenes rebeldes y revolucionarios de los años sesenta y setenta del pasado siglo, en aquella Europa marcada por las experiencias innovadoras de las luchas antiimperialistas y de liberación nacional, de los grupos y movimientos contraculturales y antiautoritarios que recorrían el mundo y se afincaban en muchos lugares de casi todos los países caracterizándose por sus luchas contra el sistema capitalista, contra las dictaduras de las nomenclaturas comunistas, las luchas antiimperialistas y de liberación nacional, estudiantiles, ecopacifistas contra las guerras, las especificas del movimiento obrero y de los movimientos ciudadanos... movimientos cuya punta del iceberg fue el estallido primaveral del Mayo francés y parisino de 1968.

Aquella fue una generación, o varias, caracterizadas por el cuestionamiento radical de las formas de vida autoritarias precedentes, capitalistas, paternalistas, de las viejas nomenclaturas partidistas y sindicales anquilosadas en un marasmo de intereses muchas veces espurios, personal o de casta. Se trató de unas generaciones hijas de aquellas influencias históricas que estaban cambian el perfil geoestratégico del mundo al generar sus propias experiencias de lucha y autoorganización.

Aquel año de 1968, y en los años de sus entornos, sin ir más lejos, fue notorio el impacto de la invasión de Checoslovaquia por el Pacto de Varsovia; la evolución de las revoluciones dichas socialistas de Cuba, China y la URSS, la Guerra Fría y la carrera armamentística; la extrema represión al movimiento radical estudiantil mexicano de 1968; las guerrillas que mezclaban las luchas de liberación nacional y social; los movimientos de liberación de la mujer; las experiencias comunitarias; las ocupaciones de fabricas en crisis frente a los cierres patronales en Francia.

En nuestra investigación, se percibe como es alimentándose con estos caldos como se nutren aquellas generaciones de militantes que soñaron con cambiar la sociedad y el mundo... en las décadas de los años sesenta y setenta del pasado siglo.

No faltaron influencias con notable incidencia en la conformación de las mentalidades políticas y culturales de aquella juventud: la violencia izquierdista y revolucionaria en los países centrales desarrollados de Occidente; la dura represión de los Estados democráticos liberales; los golpes de Estado autoritarios derechistas en America Latina; Vietnam; Argelia; Angola; etc... las luchas antiimperialistas de liberación nacional; el movimiento de los países no-alineados. La contracultura; el cine y el teatro alternativos; la música y la literatura... fueron otros tantos campos que hervían de innovación renovadora de las formas de vida y pensamiento sociales, que, probablemente, a pesar de ser derrotadas en sus opciones radicales, hicieron que el mundo no volviera a ser el de antes, con las influencias de sus luchas, planteamientos y creatividad innovadora.

En el periodo de aquellas dos décadas entre 1960 y 1980, en el mundo, cobraron vida propia, se pusieron en marcha expresiones y formas políticas, sociales y culturales que tuvieron una notoria e influyente presencia en el mundo occidental.

Un movimiento juvenil radical que acabaría influyendo y adentrándose por los barrios, fabricas y universidades de nuestro país, En España y sus nacionalidades, y, desde luego en Euskal Herria; incidiendo también en aquellas generaciones de jóvenes en toda la península Ibérica, en Portugal, en España y en Euskadi y Navarra, en sus maneras de comprender el mundo y desear otras formas de vida y relaciones hasta el punto de moverlas a la confrontación subversiva contra el régimen franquista que intentaba ya por entonces rehacerse así mismo en una suerte de democracia vigilada durante el tardofranquismo. Actuaron, eso si, aun a riesgo de sus futuros, vidas y haciendas.

En este trabajo de investigación, nos proponemos, con el eje de la experiencia del Colectivo y la Revista libertaria ASKATASUNA como núcleo vertebral, estudiar su actividad y propuestas y su incidencia en el periodo 1970-1980, como trabajo preparatorio para la tesis doctoral posterior.

Trataremos de ver si tubo relevancia el movimiento de los libertarios vascos en Euskadi, hasta que punto su influencia significo algo en las luchas por la libertad y las mejoras de la vida de las gentes del periodo, durante esos años de la transición a la democracia y de cambio, entre las izquierdas radicales, nacionalistas y libertarias o antiautoritarias en Euskadi y España.

7. ¿QUÉ FUE DE ASKATASUNA? El entorno en el que nace ASKATASUNA.

ASKATASUNA fue un fenómeno organizativo complejo. Por su origen: finales de los años sesenta, inicio de los setenta en España y en Europa. En un entorno político vasco muy marcado por la experiencia de más de una década de ETA y de un movimiento obrero y ciudadano muy activo y crecientemente radicalizado contra la dictadura franquista, con multitud de grupos y organizaciones obreras y sindicales pululando, junto con organizaciones semilegales ciudadanas y vecinales, otras culturales, y las políticas en clandestinidad o semiclandestinas según el grado de radicalidad y, por ello, de tolerancia del régimen, siempre variable al socaire de las coyunturas; no se olvide que el franquismo mataba en sus últimos meses a militantes antifranquistas encarcelados y juzgados según sus leyes dictatoriales, nacidas de un golpe de Estado y una victoria militar frente a la democracia republicana (1936-39 y prolongadas hasta 1978, pongamos).

Pasó Mayo de 1968 y dejo a Europa preñada de enseñanzas, derrotas y expectativas; multitud de grupos y colectivos, y una significativa e irrelevante extrema izquierda movían el mundo cultural y político extra institucional; había preparación, lucidez y cultura; se escribía mucho y se luchaba todo en todos lados... El exilio vasco se había "enriquecido" con decenas por no decir cientos de exiliados fugados de la persecución policial por haber militado o apoya a ETA y a sus entornos; y ese entorno bullía en camarillas, intrigas y escisiones, con debates más o menos cultos y articulados, algunos de interés; Revistas y Colectivos como "Las Celulas Rojas" o

"Gatazka" expresaban esas diferencias en sus respectivas publicaciones. La deriva de ETA VI haca el trostkismo se consolidaba orgánicamente; maoistas también, y los pro PCs carrillista otra de lo mismo… Es en tal entorno donde un grupo de exmilitantes de ETA y otros de las Juventudes Libertarias de España, exiliados políticos y/o emigrantes económicos en Bruselas, junto con un par de estudiantes trostkistas chilenos de la LC, darán lugar al nacimiento de un colectivo editor de un Boletín denominado LA BASE, obrerista y asambleario y destinado a la emigración española en esa ciudad (más de 30.000 ciudadanos españoles allí residentes a la sazón).

La experiencia durará poco, entorno a un año y en su disolución dará paso a un nuevo colectivo influenciado por los exmilitantes de ETA, de tendencia libertaria y consejista, y que pasará a denominarse ASKATASUNA. Un periodo en el que muchos pensaban por libre y se creaban corrientes de ideas, de políticas, etc... y surgían practicas nuevas o casi… porqué no se sabía discutir, quizá porque no se sabía, *tout court*. En contacto con personas e ideas novedosas para el obscuro panorama hispánico… nuevas lecturas, debates, enfoques diversos del marxismo, socialismo, comunismo, el consejismo y el anarquismo… dieron lugar al parto que denominamos ASKATASUNA. Sus militantes y simpatizantes se esforzaban por "pensar como debería organizarse el movimiento libertario para ser alguien respetado entre los movimientos políticos de los años setenta, para ofrecer una alternativa de futuro atractiva y viable a los militantes que querían cambiar el mundo y amaban la libertad y el comunismo... Para enfrentarse de otra forma a la cuestión nacional y social, y al futuro, en Euskal Herria", según ellos mismos decían. Junto con otros colectivos desparramados por Europa post mayo'68 y por el mundo, se preguntaban e investigaban y debatían sobre dos columnas vertebrales de sus preocupaciones: que eran políticamente hablando y como deberían posicionarse en relación con el socialismo y sus corrientes y experiencias históricas y con las luchas de liberación nacional, en concreto en las comunidades nacionales de las 'Españas', y en

Euskadi y Europa. En España, Euskadi y en el exilio, eran luchas caracterizadas en las izquierdas extraparlamentarias por las permanentes broncas y escisiones, y por fuerte represión policial y jurídica. Lo mismo te molían a palos, que te encarcelaban, te expulsaban del trabajo que te quitaban la beca o expulsaban de la Facultad, sin otras pruebas o motivos que tu actividad contra el régimen dictatorial franquista.

En el Interior, con escaso tiempo y materiales adecuados para el estudio serio de las ideologías políticas a las que se decía pertenecer... Muchas penas de cárcel y torturas policiales, algunas muertes, mucho exilio; y, frente a ello, entre otras, una fuerte dinámica dialéctica de querencia por la experimentación y el aprendizaje, y nuevas reflexiones que conllevaban esto y aquello...

En cuanto a los de ASKATASUNA, desde su organización en el exilio de Bruselas en 1971, fueron 10 años de luchas y experimentación y aprendizaje, de constante y radical evolución juvenil, de practica militante en entornos multinacionales y multiculturales europeos, también de clandestinidad o semiclandestinidad y cárcel. Sobre todo de búsqueda inusual de conocimiento y de dedicación apasionada y militancia intensiva.

Se trata de una ASKATASUNA que evoluciono entre contradicciones ¿podía ser de otra forma, ante la variedad de orígenes, situaciones, experiencias y de perfiles de las personas que por ella pasaron?: La mayoría exiliados y trabajando en tierra ajena para ganarse la vida. Habrá que tener en cuenta las condiciones en las que vivían, lo jóvenes, militantes, mal formados e inexpertos que eran, y sus ambiciones libertarias...

Aun así, algunas tesis básicas de interés general defendidas y elaboradas en ASKATASUNA, parecen verse corroboradas por el paso de las décadas, y, otras mas y también igualmente importantes entonces, han quedado hoy desfasadas, obsoletas, desmentidas por el acontecer del sistema de dominio capitalista mundial y de la oposición al mismo mas caracterizada de nuestros días. Trataremos de poner ambas en evidencia siquiera sea esquemáticamente en este trabajo.

Los esfuerzos y trabajo militante de ASKATASUNA se dedicaron básicamente a participar activamente en las luchas obreras y ciudadanas, y alimentar con análisis, reflexiones y teorizaciones (también con ideología, que duda cabe) los procesos y praxis en los que se implicaban.

A comienzos de los setenta se sucedieron diversas hecatombes económico políticas que cambiarían el escenario global mundial: no fue la menor la entrada en vigor en 1971 de la Nueva Política Económica del Presidente estadounidense Nixon, rematada en 1973 con la retirada del dólar de la convertibilidad en oro establecida tras la IIª GM. De similar o aún mayor incidencia sería la crisis global de la energía y las materias primas, con la divulgada escasez e incremento del precio del petróleo como prima dona en la escena mundial, y el Club de Roma recomendando el "crecimiento cero" para hacer frente a los retos de lo que se avecinaba; al tiempo que sabíamos que el Club Bilderberg y la Comisión Trilateral esbozaban y publicitaban sus planes para la gobernabilidad del mundo y de las democracias ricas occidentales, señalando en resumen que tanta democracia y participación ciudadana no podían ser buenas (para ellos, claro): un mundo con petróleo escaso y muy caro y una materias primas y un medio ambiente altamente malgastados y contaminados, y caros, escasos, limitados…

El Capitalismo apuntaba cambios estructurales revolucionarios que estaban modificando las conductas y los discursos y relatos mediáticos y educativos de las gentes... ¿Como se le podía conocer y definir y explicar y enfrentar mejor...? Esta fue una de las grandes preocupaciones que animaron durante los años de la década de los setenta del siglo pasado a las gentes que militaron y o apoyaron a ASKATASUNA.

La propia ASKATASUNA, la CNT, la Federación Anarquista Belga o los comunista libertarios franceses o italianos y otros... así como movimientos, grupos y publicaciones de los llamados "autónomos" y otros marxistas heterodoxos o libertarios, fueron herramientas a aprehender, tal y como se deduce del estudio de sus documentos. Si alguien las convirtió en nuevas iglesias, lo hizo sin contar con su consentimiento y en su contra; así lo hemos podido leer en artículos del colectivo (como los publicados por **INTERROGATIONS, BICICLETA, SOLIDARIDAD OBRERA, MIENTRAS TANTO**, etc... en aquellos años de la década). Al decir de lo que publicaban, amaban la libertad, se decían rebeldes, insurrectos, luchadores y peleas... y vividores existencialistas y también los *conviviales* (*La* convivencialidad - Ivan Illich, 1975), con prisa por vivir el aquí y el ahora. La amistad, la solidaridad, o el comunismo libertario eran nuestro sueño por el que dábamos lo mejor de nosotros mismos...

Claro que, según leemos en un trabajo de historia personal, de Mikel Orrantia Diez presentado en los cursos de Historia en el Doctorado (UPV-EHU 1969): *"¡Fuimos derrotados!: No solo nosotros, obviamente; nuestra generación perdió y del sálvese quien pueda salimos a ganarnos la sopa de las formas mas honestas que encontramos: A este doctorando le consta que ni uno solo de los militantes de ASKATASUNA vendió su alma al diablo, o no, al menos, hasta perder la conciencia de lo que fueron y el sentido de la ética que les animo. (Hoy día, muchos de entre aquellos, seguimos fraternalmente en relación y nos vemos en Bilbao con cierta regularidad para darnos la mano y disfrutar de un rato de mera amistad entrañable). Trabajamos para el capital: ¡Desde luego que sí! ¿Acaso hay otro modo de trabajar para ganarse la vida en el sistema capitalista dominante...? Y decidimos, sin siquiera comentarlo, ignorar, no hacer frente a las leyendas urbanas que nuestros contrarios excompañeros pusieron abundante y maliciosamente en circulación. Quizá, solo quizás, ha llegado el tiempo de cerezas, y hay que volver a hablar y decir lo que de interés tengamos en las tripas...".*

"ASKATASUNA". Lo que defendimos.

Decía "ASKATASUNA" que:

(http://www.alasbarricadas.org/forums/viewtopic.php ?f=19&t=42934&hilit=askatasuna%2C+Orranti aa ; 'DEBATE' – 2008-09, conducido por Mikel Orrantia -Tar)

a) El Capitalismo dominante esta evolucionando hacia una forma de organización y dominio global que dejará aislados y reducidos a funciones subalternas a los Estados-Nación que han sido sus instrumentos en la época industrial que dejamos atrás.

b) Este nuevo capitalismo que se desarrolla de la mano de multinacionales o transnacionales mas potentes que muchos estados nación medianos, esta modificando los métodos de producción y cambiando los ejes básicos de extracción de la plusvalía y la riqueza, desplazando el eje de valor de la fabrica a la ciudad, del tajo al barrio, del obrero al consumidor…

c) Lo cual disolverá las empresas de empleo masivo que produjeron al proletariado y creará un nuevo ciudadano consumidor integrado, disperso, manipulado... para cuyas batallas en defensa de sus intereses ya no seguirá siendo tan útil el sindicato, ni siquiera el revolucionario, ni siquiera el anarcosindicalista.

d) El sindicalismo del futuro próximo será necesariamente reformista, al estilo del sindicalismo ingles, anglosajón, estadounidense... Necesario para la defensa de intereses cada día mas corporativos (los afiliados y los obreros con trabajo estable), potencialmente reaccionario - conservador para opciones revolucionarias del tipo 'cambiar la sociedad'.

e) Frente a ello, ASKATASUNA proponía: Desplazar el eje de decisión de la organización sindical, CNT, del lugar del trabajo, del tajo, de la fabrica, a la ciudad, al pueblo, al barrio... al tiempo que defendía mantener a la organización sindical presente en los Comités de Empresa, en defensa y en proximidad a la defensa de los intereses de los trabajadores y proponía dinamizar esos Comités Obreros de Empresa impulsándolos a una dimensión 'política' (polis, ciudad) con la actividad militante central organizada en las Federaciones Locales.

El Colectivo ASKATASUNA expone sus propuestas, con mayor claridad y coherencia, en la segunda etapa de sus existencia, ya en Euskadi, además de en su revista, folletos y libros propios editados durante la segunda mitad de aquella década, en los años de 1976 hasta 1980, en artículos publicados en otras revistas como La Soli (CNT-Barcelona), Bicicleta, El topo Avizor, P'alante, Punto y Hora, Argumentos, INTERROGATIONS, MR/RM, etc…), también en conferencias como las celebradas en las "Jornadas libertarias de Barcelona 1977" (ver reseña en "ASKATASUNA", 1977).

El Colectivo ASKATASUNA participo activamente en el proceso de la reconstrucción de la CNT en España a lo largo de los años setenta del pasado siglo. Comenzó desde el exilio en Bruselas y continuó luego desde su nuevo establecimiento en Bilbao; proceso en el cual participaron buen numero de sus militantes, a nivel personal, y el propio Colectivo como tal. Defendieron una renovación radical de la CNT que, según ellos, debería situarla como alternativa y herramienta de lucha eficiente, ante los nuevos retos de un capitalismo global; evolucionando a un capitalismo diferente, en fase de implantación al socaire de las crisis desde el inicio de los años setenta, en todo el mundo y en España de la mano de la transición y la llegada de la democracia. ASKATASUNA se enfrento en esa pelea política a la militancia anarquista y anarcosindicalista más tradicional (ver al efecto artículos diversos de sus publicaciones) y perdió. Ello será también motivo de la investigación a desarrollar para la tesis doctoral.

La ruptura con la CNT y el atentado contra su sede e imprenta en Bilbao, la noche del 22 al 23 de aquel agosto de 1978 http://old.kaosenlared.net/noticia/colectivo-revista-libertaria-vasca-askatasuna-homenaje que la aniquilo, dejo una secuela de debates y decisiones adoptadas sin unanimidad por el Colectivo, recurriendo a mayorías y golpes de fuerza, según relatan algunos de sus militantes consultados al efecto. El caso es que el apoyo que encontraron les vino mas notoriamente del entorno de Herri Batasuna y KAS. Era a su vez un entorno en el que se habían cobijado o al que habían afluido numerosos grupos e individuos de pueblos y fabricas de Euskal Herria de claras simpatías libertarias, anarquistas, asamblearias y autónomas (Autonomía Obrera). Muchos de ellos ya habían intentado desde el establecimiento del Colectivo en Bilbao en 1976 que este se ligase al mundo de la Izquierda Abertzale, en lugar de al de la CNT que consideraban caduco e inoperante.

Como fuese, según leemos en el ASKATASUNA posterior al incendio, editado en la imprenta de EGIN a 20.000 ejemplares, en formato y papel de periódico y que se distribuyo en casi su totalidad, ASKATASUNA dio un giro sustancial y decidió apoyar a Herri Batasuna, bien que sus militantes rechazaron cargos y otros compromisos ofrecidos por la organización abertzale y conservaron totalmente su independencia organizativa y de criterio. Entre otros casos imposibles de documentar, a Orrantia, Herri Batasuna le ofreció ir el segundo en la lista a las municipales en el Ayuntamiento de Sestao, oferta que rechazo al tiempo que aceptaba participar como orador en el mitin del estadio de Lasesarre en Barakaldo de aquella campaña (ver crónica en Cambio 16).

Así pues, tras aquella crisis, los debates y las perdidas de algunos de sus militantes más significativos (Cubas, Aloa, Homobono, Monasterior, entre otros) así como también algunos simpatizantes muy próximos al Colectivo, el siguiente paso que dieron los miembros de la Revista ASKATASUNA fue en dos direcciones que desearon simultaneas y compatibles, según sus explicaciones:

a) "Un acercamiento critico al universo asambleario y al de la Izquierda Abertzale, entonces Herri Batasuna, por el que pululaban multitud de compañeros libertarios, muchos de ellos nos lo pedían, pero carecíamos de vocación de 'liderazgo' de agrupar y organizar en nuestro entorno (ASKATASUNA) a militantes de aquí y de allí haciendo en suma un nuevo Partido político o así. Nosotros queríamos una federación de grupos libertarios y autónomos que diseñasen de mutuo acuerdo una línea política y de acción… y en esta línea hacíamos propuestas: como la Plataforma de ASKATASUNA (ver en libro citado y en la Revista)".

b) "La potenciación de la coordinación que buscaba la unificación de las organizaciones, colectivos e individuos que desde el mundo político de "lo libertario", el marxismo antiautoritario, pasando por el consejismo, hasta el anarquismo… buscaban entonces una alternativa de 'nuevo' cuño al 'nuevo' capitalismo que se hacia dominante en el mundo global…"

Escribe Orrantia, en la web citada que: *"Lo intentamos, ¡ bien que lo intentamos !: Reuniones, debates… Pero, llegábamos al final de nuestro ciclo vital, las fuerzas y las personas con ellas fueron dispersándose, el sistema fue convirtiéndose en omnipresente y las fuerzas revolucionarias que se opusieron con significativa presencia a la dictadura franquista desde los años sesenta hasta finales de los setenta y el comienzo de los ochenta, fueron disolviéndose en el desencanto como azucarillo en café caliente, se convirtieron en agua de borrajas, y la Transición (aquella primera transición combativa y polifacética) se cerro con unos cuantos cantos de cisne y una herencia envenenada: ETA… Que ha venido a ser el principal obstáculo frente a la posibilidad de recuperar en Euskadi organizaciones serias, con ciudadanos suficientes que se hagan respetar por sus capacidades de lucha, de análisis, de pergeñar alternativas… Se acabo, por un rato…* Y, entonces si, vinieron años donde lo personal y lo lúdico y profesional primo sobre la revolución deseada y, por el momento, imposible…"

Para mas referencias, ver: Mikel Orrantia Diez: *"Libertarios en transición en Euskadi. (El punto ciego).* El caso del Colectivo y la Revista Libertaria 'ASKATASUNA' (Bruselas 1971 – 1976 / Bilbao 1976 – 1980)". MÁSTER INTERUNIVERSITARIO DE HISTORIA CONTEMPORÁNEA, T.F.M. presentado al Tribunal en la UPV/EHU, set. 2004.

Hablamos Sobre el Autor

Presentación y la experiencia en Askatasuna y el movimiento libertario vasco. Artículos en foros, prensa, blogs e ideario político de los mismos.

"Debemos preparar la llegada de una sociedad de libres e iguales trabajando todo lo posible en todos los campos y en todos los problemas humanos. En todos por lo menos debemos decir lo que pensamos, en coherencia con nuestros postulados libertarios"

Luigi Fabbri

Saludos libertarios - Osasuna eta Askatasuna!!

Hablar sobre uno mismo es muy difícil puedes caer en la fatuidad, petulancia, exagerar tu currículo y muchas cosas mas. Casi siempre se cae en la falta de autocrítica personal y el Ego se excita es difícil ser imparcial con uno mismo.

Cuando comencé a escribir éstos artículos en los foros de Internet, léase Facebook, Googleplus. Wordpress, Blogspot y otros ni siquiera se me pasó por la imaginación de que pudiera terminar en un formato de libro. Me dí cuenta de que su contenido globalmente describía mi ideología, mi ideario y mi pensamiento libertario respecto a la actitud que siempre tuve frente al mundo. Se lo comente a mi amigo Iñaki Errazkin y éste me dio la idea por que ya antes Francisco Umbral edito algo parecido y que a lo mejor como libro divulgativo de un pensamiento ideológico y de pensamiento crítico frente a los acontecimientos locales, estatales y mundiales pudiera servir como "Educacional a otras generaciones" Yo tanto no pretendo, no me considero un catedrático como para tener un nivel de tal envergadura, Solo soy un

"Artista" –Así me definen algun@s pero en realidad ni yo mismo se lo que soy- mas bien lo veo como una aportación personal al mundo libertario y al pensamiento libre desde una perspectiva humilde y sincera poco amigo de grandilocuencias verbales y pretenciosas en cuanto a metas quiméricas y ensoñaciones de ser un filósofo transformador e influyente de la sociedad.

En un contexto global siempre fui muy crítico de las ideologías por que estos siempre contienen el peligro de convertirse en Dogmatismos y Doctrinarismos al igual que todas las religiones cuando se tornan fundamentalistas.

Ya hemos conocido históricamente las barbaridades de esas ideologías cuando se han llevado a su interpretación extrema; Nazismo, Fascismo, Estalinismo, Sionismo, Maoísmo y actualmente el Capitalismo –que es también una doctrina- en el campo de las religiones el fundamentalismo de la religión Católica durante las cruzadas hasta el siglo XVIII y las actuales Islamistas como el EIS_ISIS-Estado Islámico, AlQuaeda, Boko Haram y algunos otros grupúsculos y sectas evangelistas que en los países del tercer mundo destruyen a los pueblos étnicos e indígenas que aun conservan su esencia primitiva y ancestral originario conservados desde hace milenios. Convirtiéndolos en zombies y unos auténticos Parias de la tierra. Una vez domesticados entra el capitalismo para quedarse con las riquezas a la vista y ocultas debajo de la tierra de esos indígenas convertidos en indigentes.

Como dice Itziar Madina (Periodista de la revista Argia) en su libro Comunidades Sin Estado En La Montaña Vasca. Los vascos/as siempre tuvimos un sistema de entendimiento democrático en la toma de decisiones que nos incumbían a nuestros intereses antes y después de los romanos (Esto los griegos llamaban Política)

Ello consistía en la celebración de una asamblea de Valles –Batzarres- donde directamente se decidían las cuestiones de la vida cotidiana y la aplicación de las leyes que siempre eran orales y que mas tarde fueron escritas en lenguas latinas con detrimento de los sectores de la gente de las montañas y los Jauntxos – Señores Feudales que no supieron adaptarse a los cambios- (Esto fue consecuencia y el detonante de muchas peleas que sus orígenes venían de las luchas banderizas cuando los jauntxos eran unos auténticos bandoleros que robaban a los Villanos y se robaban también entre si) gente que no sabían en su mayoría escribir ni latín ni castellano y en la que debido a este "truco" las Villas fueron adquiriendo poder a través de la "Trampa" del lenguaje y se interpretaban según los intereses de los Jauntxos "cultos" y los castellanos que habían logrado entrar en el mundo del comercio – Señores que poseían tierras, caseríos, molinos y comerciaban con Castilla y Ultramar junto a comerciantes villanos más fuertes-. Cuando era necesario se acudía a las Juntas y también a las reuniones de las propias aldeas cuando había llamadas para el Batzarre o para trabajos de Auzolan-

A esto siglos mas tarde Bakunin (Pensador ruso y padre de la teoría del Anarquismo) lo llamaría precisamente Autogestión del poder o sistema político anarquista de organización democrática asamblearia.

Llegué al anarquismo de una forma casual, después de leer libros marxistas como El Manifiesto comunista, El Capital (Me lo leí entero cosa que muchos comunistas y socialistas actuales creo que carecen de su conocimiento) y así de esa manera les va políticamente..También a Lenin, Trotsky, Mao Tse Dong en su famoso Libro Rojo (no he conocido una manera mas infantil de exponer las teorías marxistas que éste libro, plagado de dogmatismo cuasi-religioso y totalmente determinista) Mao la verdad no era muy listo o se paso de listo -un tipo que mata a millones de pájaros en China por que se comían el grano de los cereales y que en consecuencia trajo la proliferación de plagas de insectos de toda clase que arruino más aun la agricultura china y trajo una hambrona donde murieron millones de personas y ya no hablemos de la revolución cultural que dejo a China mas inculta aún de lo que estaba, también los asesinatos en masa y su famosa frase de; Matare a media china para que triunfe la revolución si hace falta- .Me leí los diferentes libros del Che Guevara, biografías de Lenin, Stalin, Fidel Castro, a filósofos como Engels, Descartes –su discurso del Método- psiquiatras como Sigmund Freud, Nietzsche, Jung, Erich From hasta los libros de Sabino Arana y un sinfín de libros más que en esa época fueron determinantes para comprender las ideologías del nacionalismo vasco, de la izquierda universal y del origen del psicoanálisis moderno y la sociología.

No había nadie que no hubiese leído algo de todos estos personajes en el mundo de la izquierda y progresista. Asistí a cursos de grupos de izquierda como los de O.C.E-Bandera Roja (mas bien parecían escuelas de lavado de cerebro) y alguno del Movimiento Comunista de España MCE que luego en Euskalherria se llamaron EMK–Euskal Mugimendu Komunista de tendencias Maoístas- Pero a todos les veía un tufillo autoritario y de ser dogmáticos de estructuras muy Stalinístas –odio a los marxistas que se toman el marxismo como una religión al pie de la letra- que chocaban totalmente contra mi carácter de libertario.

Un día ojeando unos libros en un puesto ambulante de la Plaza Nueva de Bilbao, me tope con un ejemplar de un libro que tenía por título LOS ANARQUISTAS, por curiosidad le eché un vistazo y me pareció interesante. Me lo leí entero y me dejo un poco confuso, porque entre los anarquistas había muchos tipos de clases, tendencias o sectores cada uno con su filosofía; Entre ellos estaban; los grupos Anarcocomunistas como

Kropotkin, los Anarcoespirituales, Anarco-Consejistas, Anarcoindividualistas, los que solamente eran Asamblearios o consejistas, Anarcomarxistas, Anarcosindicalistas; como la histórica C.N.T.-A.I.T. Existencialistas, Anarcopacifistas, Anarcoecologistas como León Tolstoi, Ácratas y anarquistas como Malatesta y otros en general de tendencias sin concretar. Pero al final el Anarquismo es todo eso a la vez, es holístico o si no, no se puede estar dando la espalda a los diversos problemas del mundo.

Pero básicamente la forma política de organización democrática era la asamblearia autogestionada y la Democracia Directa. Libertaria donde no se cuestionaba la acción y vida privada de cada individuo sea hombre o mujer si esta no iba contra los derechos de otras personas. Y cuyo lema era <<Tu libertad comienza donde termina la mía>> Ese Axioma me intereso por que al fin y al cabo se correspondía con mi filosofía de vida.

No se si es por un espíritu Pirata por haber nacido en un pueblo pesquero y ballenero o por que los vascos instintivamente tenemos un carácter y un espíritu libertario ancestral que nos viene desde los orígenes de nuestros tatarabuelos prehistóricos que vivieron en las cuevas, y también un espíritu dionisiaco (culto a Dionisos hijo de Zeus; Liberador de los seres normales a través de la locura, los placeres y el vino) y poco determinado por la religiosidad Seguramente adquirido de la romanización de Vasconia.

Los vascos tenemos fama de meapilas pero es todo falso, la religión se metió a saco en Euskalherria –Que lo practicábamos a la fuerza del Tormento Inquisitorial- y fue un arma de dominación de los jauntxos ricos aliados con la iglesia para tener sometidos a los sectores populares que practicaban otra filosofía distinta sobre el dominio y uso de la tierra (Caso Zugarramurdi) Pero somos amantes del placer y del "bon vivant" y también emprendedores y trabajadores aunque esto se ha convertido en un tópico-

Lo de la misa hoy en día lo mantenemos por tradición –según en qué clases sociales mas o menos- y cada vez menos como creyentes y más como hipócritas.

Durante los años 60/70 hubo mucho movimiento antifranquista en Euskalherria – Anteriormente estaban el PCE y los socialistas. A.N.V. y el PNV en la clandestinidad (aunque su acción era irrisoria) -aparte de la lucha armada de E.T.A.- Euskadi eta askatasuna (Euskadi y la Libertad) años más tarde. nacieron muchos partidos políticos en la IA-Izkierda Abertzale- algunos derivados desde las escisiones de la propia E.T.A. como E.T.A-V y E.T.A. VI, Etaberri, ETA-Zaharra, Eta-militar y ETApm. La mayoría de la juventud nos sentíamos identificados con E.T.A. era el movimiento liberador nacional Vasco "Los que nos defendían de la violencia del Fascismo respondiendo con la autodefensa"

Nos convulsionábamos cuando algún militante moría en algún enfrentamiento con las "fuerzas de seguridad" del estado español, para nosotros era un gudari vasco muerto por la patria, un mártir. Nosotros estábamos dispuestos a coger su fusil y proseguir la lucha *"Lepoan hartu eta segi aurrera"* Poco a poco se fue creando un mito de organización heroica con un halo mesiánico de convertirse casi una leyenda.

Años después saldrían partidos como LAIA-Langile Abertzale Iraultzarako Alderdia (Partido abertzale para la revolución) 1974 desde sectores del frente obrero de E.T.A y en la cuál había sectores Trotskistas, Marxistas, Libertarios y Humanistas, poco después desaparecerían para convertirse en otros partidos "nuevos" Yo fui simpatizante de ese partido como sector Libertario y nos llamábamos los de LAIA-ez por no aceptar la Alternativa Kas porque esta venia con bastantes tintes de autoritarismo, ESB/PSV-Euskal Sozialista biltzarrea, Euskal Sozialistak Elkartzeko Indarra (ESEI) partido surgido para la unión de todos los socialistas vascos y que desapareciera la lucha armada (Quizá tenían una visión mucho mas avanzada que los demás respecto al papel que jugaba la lucha armada en el proceso de cambio que se estaba avecinando en Euskalherria y en España en general)..También surgiría el partido H.A.S.I.-Herriko Alderdi Socialista Iraultzailea de la unión de EHAS y Euskal Komunistak. Surgiría ASK-Abertzale sozialista komiteak, un movimiento asamblearios y autogestionado para la unificación de todo el entorno del movimiento de liberación nacional. Se fundarían los sindicatos vascos LAB y LAK.

Fue un período de uniones y desuniones como siempre ocurren en las izquierdas extraparlamentarias con sus discusiones teóricas bizantinas inacabables, de grupúsculos socialistas y comunistas, de movimientos asociativos. Partidos marxistas-Leninistas o Trostkistas que se arrogaban ser "La verdad que nos lleva a la vida eterna" Vendedores de ilusiones pseudobíblicas y de humo..

Cuando comenzó la transición surgió E.I.A. Euskadiko Iraultza Alderdia partido cuyo teórico fue el asesinado Pertur sin aun esclarecer ni atribuírsele a nadie su asesinato.

Durante éste espacio de uniones y desuniones me mantuve al margen de simpatizar e involucrarme organizadamente en éstos aparatos de la IA aunque apoyaba a la misma tácticamente. No tenía tampoco muy claro que prosiguiese la lucha armada pero si que era necesario la autodefensa sin saber como y de qué manera sería la mas correcta; No teníamos referentes teóricos sobre eso (*La muerte de civiles para mi no era una manera digna de luchar y menos si eran elegidos por el pueblo por mucho que sus partidos en el gobierno cometiesen todo tipo de tropelías como la guerra sucia y el asesinato (GAL) aunque no fuesen de nuestro mismo entorno ideológico*) y el laberinto de siglas que había me confundían por que la intuición me llevaba a un camino diferente de forma de organización, todos estos grupos eran Marxistas Leninístas y bastantes dogmáticos, aunque alguno tenía aspectos positivos atrayentes a mi ideario político-existencial como EIA, pero aun así no me impliqué directamente. Seguí en la lucha callejera sobre todo en el Casco Viejo durante todas las movilizaciones que hubo; encierros y huelga de hambre por la Amnistía (Iglesia de Santa María de Gernika donde conocí a la madre de Mario Onaindia que dudaba de que su hijo fuera devuelto libre o vivo, el encierro y huelga de hambre de tres días en la Iglesia de San Antón de Bilbao) luchas Antinucleares o protestas por alguna otra causa como la muerte de militantes de E.T.A. o los CC.AA (Comandos Autónomos) o Gladys del Estal militante ecologista muerta de un disparo de la Guardia Civil, torturados asesinados en cuarteles como Zabalza, etc.. Muchos son los/as militantes de izquierda muertos/as en circunstancias similares.

También en mis recuerdos la muerte de Normi Mentxaka que cuando ocurrió éste suceso yo trabajaba en galletas Artiach en Zorrozaurre y conseguimos parar la fábrica – poco después fui despedido por ello- hasta integrarme en el Grupo ASKATASUNA (1) en el 76 si mal no recuerdo. De una forma prácticamente casual a través de un encuentro callejero con unos barbudos que se fijaron en la marca anarquista de mi mochila. Nos pusimos a hablar y a beber, y desde entonces me uní con ellos y con su proyecto de la revista del mismo nombre, La sede estaba en la calle Bertendona de Bilbao en una foto-copistería imprenta y librería. Me afilie a la C.N.T., fui responsable de la sección de prensa y propaganda y mas tarde me expulsaron de la misma por ser de Askatasuna y con métodos bastante sucios y oscuros, en realidad expulsaron a todo el colectivo entero en una asamblea de la C.N.T. en Vitoria Gazteiz, sin que estuviese presente nadie de Askatasuna para defenderse o defender su ideario y postura ideológica anarkoabertzale.

Askatasuna fue mi escuela del Anarquismo en la práctica, allí conocí a gente muy solidaria y tuve grandes amigos/as .Nos divertíamos mientras soñábamos con la revolución –en el Bar de la Carmina Bar Long Drink (2) que no era un lugar común al uso en Bilbao- Carmina su dueña era toda un personaje en Bilbao, la famosa y lozana aceitunera del carrito delante del bar Sokoa en la calle Hurtado de Amezaga, Trabajaba también su hijo Joaquinín al que yo apreciaba bastante, un chico con inquietudes pero que fue pasto de esa plaga llamada "Caballo" – Heroína- que acabo con su vida. Verdaderamente fue una pena. Muchos jóvenes sucumbieron a ese polvo maléfico que desde instancias oscuras del poder iban extendiendo por las calles como un arma más de control y destrucción de una juventud que ansiaba la libertad y otras maneras de vivir y que se implicaban en la lucha. Eran también tiempos oscuros donde no se vislumbraba un porvenir claro.. Los 70/80 fueron años críticos en Euskal Herria se estaba dando una transición política y también mas tarde en Bilbao una transición post-industrial de ciudad industrial a una ciudad de servicios. Aun me resuenan en los oídos la sirena de la empresa Astilleros de Euskalduna (1900-1985) y sus luchas obreras para defender el puesto de trabajo. Aquello fue una batalla heroica También el cierre de Altos Hornos de Bizkaia trajo un panorama muy sombrío sobre el porvenir de la población en la margen izquierda.

" *Las canciones de los grupos Punk (Otra manera más de anarquismo-nihilísta) así lo atestiguan con la frase de ¡No hay futuro*"

El trabajo que yo desarrollaba en Askatasuna era junto con Carlos Agustín Fernández en ir por las universidades y allí donde hubiera algún evento de tipo político, social, festivales de música euskaldun (Recuerdo que una vez hicimos un trabajo sobre métodos de anticoncepción y sexualidad y vendimos unos 1000 ejemplares en un festival de Benito Lertxundi en Kanala, barrio de Pedernales-Bizkaia) o donde pudiera caber la posibilidad de la venta de la revista (También estuvimos en las campas de Armentía vendiendo Askatasuna en una fiesta del Alderdi Eguna del PNV y sin ningún problema) que principalmente era la fuente de ingresos para comer y seguir editando más revistas y muchas veces trabajar en la rotativa y el montaje de la revista y su grapado (Se hacia manualmente) Pasamos muchas noches trabajando en la imprenta y de paso echábamos algunos tragos de vino u otra cosa según nos surgía y claro esta al bocata del bar de la Carmina. Casi siempre terminábamos embadurnado de tinta negra o roja manos y caras. La revista Askatasuna no sólo se vendía en Euskalherria, también en Catalunya, Extremadura, Castilla, Asturias, Levante, Andalucía, Bélgica

Mas tarde en el acontecer del tiempo y a medida que la política nacional aperturista iba tomando forma hacia una democracia pactada sin ruptura con los franquistas y estos se adaptaban a una democracia monárquica de un monarca heredero del dictador y nuestras propias vivencias y energías gastadas predicando nuestras ideas, vimos que la revolución utópica no interesaba a la clase obrera que estaba poco concienciada, si no que éste se conformaban con una socialdemocracia triste y pobre que al final les llevo al camino del capitalismo neoliberal traicionados por los partidos de izquierda que se hacían llamar Comunista y Socialista, así como sus sindicatos obreros –UGT y CC.OO.- que se convirtieron en otros sindicatos verticales y reformistas sustitutivos del sindicato vertical del franquismo.

Después del atentado contra la imprenta de Askatasuna nos fuimos disgregando las diversas tendencias del colectivo unos/as nos unimos y también muchos sectores de organizaciones como marxistas críticos, partidos como O.C.E.-Bandera Roja como otros movimientos anticapitalistas y asamblearios vascos a Herri Batasuna, otros a Euskadiko Eskerra como Orrantia influido por Mario Onaindia (Orrantia luego se arrepentiría de esa decisión incorrecta) mucha gente también estaban en movimientos antinucleares y ecologistas, feministas y otros colectivos sociales, otros/as se volcaron a acabar sus carreras universitarias y oficios desencantados de la revolución utópica anarquista y algunos/as mas al anarco-ecologismo yéndose a vivir al campo a cultivar verduras y otro tipo de alimentos distintos, alguno para fumar..

Así también acabo el movimiento libertario en Euskadi como tal "creándose otro como Herri Batasuna" organización donde confluyeron casi todos.

Quizá también otra de las causas de la desaparición de Askatasuna se dio por querer intentar de nuevo renacer la C.N.T de Euskadi pero con una nueva concepción del nuevo anarquismo y que esta organización legendaria pudiera ser un nuevo tipo de organización libertaria global y no solamente un sindicato anarquista como lo fue en su tiempo -En mi opinión esto desgasto bastante a la militancia, la C.N.T. iba por otros derroteros distintos al planteamiento de ASKATASUNA-que defendía una C.N.T. que englobase la cuestión nacional vasca como un ente independiente de las directrices del centralismo de Madrid y que esta fuese una organización global de lucha de todas las nuevas formas que estaban surgiendo; Ecologismo, Feminismo, lucha sindical, social que se implicase en las luchas de los barrios y movimientos sociales, culturales, etc. Como mas tarde fue HB. La CNT en Enero de 1976 realizaba una asamblea de refundación del sindicato que estaba ganando terreno de nuevo la corriente ideológica ortodoxa, y también con la llegada de los viejos exiliados como la histórica Federica Montseny y otros/as, con un concepto arcaico, fuera de la realidad de los nuevos tiempos y de los movimientos anarquistas que se daban en España y fuera de la realidad social por que no comprendían que la Transición y lo que se avecinaban no tenia nada que ver con 1936 ni era posible de nuevo una República Española.

Hubo una eclosión libertaria durante los 70 y 80 que se manifestó en el mitin de Montjuiich y en las Jornadas Libertarias de

Barcelona donde hubo grandes debates entre ortodoxos y reformadores anarquistas pero era mas bien un espejismo utópico de la ilusión de muchos jóvenes románticos que soñaron con un mundo nuevo. Precisamente esa utopía anarquista, incluidos otros jóvenes que no eran anarquistas; Entusiastas, idealistas semi-hyppies, Libertarios/as de tendencias varias, etc. "Algo parecido al Mayo del 68 en Paris".

La C.N.T realizo múltiples asambleas de reconstrucción con sus tiras y aflojas, uniones y desuniones y volviendo a la ortodoxia cenetista de catecismo originaria de su primera carta fundacional y en 1978/79 aproximadamente el Grupo ASKATASUNA salio de la asamblea del sindicato. La CNT entendía como Internacionalismo Proletario la Confederación sindical centralizada en España; la vieja concepción imperialista de esa España ancestral medieval, reaccionaria monárquica, rancia originaria de los Reyes Católicos y del pensamiento Fascista más tarde.

Askatasuna en mi opinión tenia que haber gastado sus energías en un proyecto renovador del anarquismo vasco y de consolidar a este en una nueva organización fuera de la influencia de la C.N.T. y del anarquismo histórico ortodoxo, dogmático y doctrinario con el que no había nada que hacer. Era darse contra un muro con la cabeza.

"Algunos de estos colectivos abandonaron muy pronto la organización confederal. Es el caso de la tendencia anarco-nacionalista presente en Euskadi, articulada en torno a la revista Askatasuna y encabezada por Mikel Orrantia, autor de un libro titulado Por una alternativa libertaria y global, que salieron de la CNT cuando vieron frustrado su proyecto de constituir una organización sindical específica para Euskadi que además debía ser reconocida como sección nacional por la AIT. Igual situación se dio en Cataluña con buena parte de los Grupos Autónomos, que abandonaron la CNT antes de 1979" **Juan Pablo Calero Delso, Alfredo Gonzalez Martinez -La CNT en la Transición: Una raíz profunda.**

El Anarquismo como Teoría (Según mi concepción personal)

El anarquismo como teoría es la más alta expresión de la Democracia, la libertad y el orden. El "problema" del anarquismo es precisamente que no es en su esencia doctrinario ni dogmático por muchos que se empeñen en que nada cambie del "catecismo anarquista" de los principios de sus propios fundadores y teóricos (Bakunin, Krotpokin, Malatesta, etc.) por que prima antes la libertad humana, el anarquismo se renueva a si mismo por que es anti-todo lo establecido de lo contrario no sería anarquismo; El Problema son los anarquistas que hacen del anarquismo una religión.

Todo aquello que se establece termina burocratizándose y se crean élites de poder y castas. Aunque haya sectores anarquistas ortodoxos vinculados al pensamiento de los movimientos anarquistas obreristas –Obreros como sujeto de revolución- del siglo XIX/XX/XXI hoy en día ha cambiado el paradigma y la practica autogestionaria democrática anarquista imperceptiblemente-se da en muchos movimientos sociales de izquierda reivindicativo de todo tipo y en algunos partidos políticos donde existe una democracia directa de base y no se impone el dirigismo.

El 15M fue un ejemplo de cómo todos esos movimientos sociales funcionaban de una manera asamblearia y como aún funcionan en los barrios los distintos grupos y asociaciones que practican la autogestión y la democracia asamblearia, como antaño los/as vascos/as el Batzarre o el Auzolan.

El anarquismo es una postura y una actitud de vida, es una constante lucha diaria hacia el camino de la consecución de metas de la libertad adaptándose a las circunstancias históricas globales que se le presentan. El anarquismo no caduca nunca, no tiene una meta final sino que la meta es no tener metas por que la meta es siempre la búsqueda de la libertad permanente que varia con sus flujos y reflujos en la historia. La libertad siempre será la meta utópica de la humanidad. La utopia su motor permanente.

El pensamiento libertario esta más extendido de lo que nos parece en la práctica, no ha desaparecido sino que esta incluido en muchos aspectos de la vida política y social de una manera natural y sin darnos cuenta. En Euskalherria es una cosa inherente a nuestro carácter y practica en muchas cosas; Asambleas de barrio para resolver cualquier cuestión relacionado con sus problemas, se da en Txokos y asociaciones culturales, en organizaciones deportivas, en las konparsas,

Gaztetxes, colectivos sociales, etc. Hoy en día el movimiento anarquista de nuestro país (Euskalheria) está y existe de una manera casi imperceptible, falta una organización que lo cohesione y hay intentos de ello como Euskal Herrietako Koordinakunde Libertarioa (EHKL) y los grupos que giran alrededor de la revista Ekintza Zuzena y La Haine, los de Armiarma, Sorginkale, la histórica C.N.T. grupos de asambleas y colectivos de mujeres, etc. La dicotomía anarquismo vasco y español, creo que hoy en día esta superado (Al menos por los vascos) y esta claro que la concepción obrerista de la influencia del socialismo histórico ya no es predominante en el pensamiento anarquista y este evoluciona hacia otros caminos donde el respeto a la cultura de los pueblos y su supervivencia es una parte mas de la construcción de una humanidad mas justa, plural y libre. *"Los anarkoabertzales propugnamos la independencia de todos los pueblos del mundo y el derecho a que se organicen como les convenga y con quién les interese. Estamos a favor de que cada pueblo conserve su lengua y cultura por lo que representa como beneficio y riqueza de un mundo pluricultural en contra de las unificaciones de todos los pensamientos únicos y uniformidades de los habitantes de la tierra. Con la globalización capitalista neoliberal corremos ese peligro de la perdida de las identidades de las nacionalidades del Planeta. Y también con todas las religiones Mesiánicas que propugnan las conversiones a un solo Dios sean de origen patriarcalista o no"*

Actualmente el pensamiento anarquista moderno es mas Holístico y no esta determinado solamente por la lucha de clases como la concepción del Anarcosindicalismo histórico y el movimiento anarquista del siglo XIX/XX (FAI). Los anarquistas de ahora estamos sensibilizados con los distintos problemas de la humanidad; Ecología, Feminismo, Xenofobia, Homofobia, Antinucleares, Antiautoritarismo, la lucha contra la globalización del capital, Antimilitarismo, Antifascismo, Antitaurinos, Maltrato de animales, etc. La liberación de la mochila histórica del patriarcalismo y otros problemas que las mismas contradicciones del desarrollo capitalista mundial provocan en el planeta y los paradigmas históricos caducos del pasado que aun nos determinan,.En el futuro no sabemos a donde caminaremos, la rápida evolución de las Nuevas Tecnologías nos llevan a otros mundos distintos de comunicación y de cambios de sistemas productivos (Las fábricas del futuro serán todas de alta tecnología sin apenas mano de obra y totalmente robotizados) donde el proletariado clásico desaparece y nacen otros tipos de clases sociales como; Trabajadores/as muy cualificados/as sobre todo en nuevas tecnologías y muy formados/as: Ingenier@s, Cientific@s, Biomédic@s, Arquitect@s, especialistas muy cualificados de la Formación Profesional de diversos campos del sistema productivo lo mismo en industria que agricultura, Profesionales liberales de carrera emprendedores y creativos, y después una mano de obra barata de servicios entre ellos el Precariado (Aquél que tiene un trabajo precario) los excluidos sociales que nunca alcanzarán a tener un puesto de trabajo y serán mantenidos con un Salario Social y como siempre los marginados sociales en su tiempo llamados subproletarios y el Lumpen compuestos por diversas tribus de personas no adaptadas a la sociedad y que viven de espaldas a ella casi siempre enraizados en el mundo de la delincuencia. En el futuro los estados no jugaran el papel de estados tal y como los conocemos ahora, serán (son en realidad) las grandes corporaciones los verdaderos estados, Google tiene visos de ser un próximo imperio del mundo, dicen que están revolucionando el mundo y cambiándolo. No sabemos si ese cambio es realmente para bien de la humanidad o para llegar a un mundo tecnologizado de tal envergadura en la que el control social y su *"modus vivendi"* estará teledirigido desde esta compañía. Estaremos Googlearizados de tal manera que no sabremos vivir fuera de ese mundo ¿Virtual? ¿Acaso ahora no estamos pendientes de nuestros teléfonos móviles, Iphon, Ipad, Tablets? que nos esta creando problemas psicológicos de adicciones y quién sabe qué otras enfermedades fisiológicas que se están investigando. Lo mismo es aplicable a otras compañías similares como Facebook, Whatsapp, Twitter, Yahoo chat, y otras redes sociales, etc. Realmente no sabremos si los anarquistas del futuro seremos unos "Ciberanarquistas Yedai" que luchan contra el Imperio Google, similar a la Guerra de las Galaxias de las películas de Spielberg. Seguir pensando con los paradigmas obreristas de los siglos XIX/XX en el siglo XXI es encerrarse en la doctrina y en el dogma y vivir el anarquismo en un circulo vicioso sin ninguna salida y fuera de la realidad social sin implicarse en sus problemas diarios, ser anarquista fuera del mundo laboral, político y social es vivir una "Realidad Virtual" negativo para la misma lucha anarquista de transformación social y del mundo. Los anarquistas debemos de implicarnos en todas las luchas en las que el mundo esta viviendo, de lo contrario no tenemos razón de existir o nos echaremos en los brazos del Nihilismo más absoluto.

Conclusión;

Yo seguí en Herri Batasuna algún tiempo y me buscaba la vida vendiendo bisutería y artesanía junto con mi amigo de entonces Kike Turmix en los puestos "Hippies" (*Allí conocí a dos hermanas chilenas primas de Víctor Jara se habían exiliado por su padre que fue sindicalista en chile*) que había en la Gran Vía de Bilbao junto al Corte Inglés y trabajando en la Industria de vez en cuando, mas tarde en la Hostelería del Casco Viejo bilbaíno, cerca siempre de los eventos musicales. Tuve distintos trabajos en tabernas y Pubs, Fábricas. Fui el jefe de sala del histórico GAUEKO y después de las inundaciones de Bilbao 1983 fui detenido por la Policía Nacional. Después de pasar un trago amargo durante los diez días en

Comisaría bajo la Ley Antiterrorista, (3) fui encarcelado -Acusado de Colaboración con Banda Armada- y fui liberado un año y dos meses más tarde sin cargos condenatorios de ninguna clase. Mas tarde estuve haciendo un programa de radio con Iñaki Errazkin (Antiguo integrante de la Mesa Nacional de Herri Batasuna y hoy miembro de PODEMOS en Toledo) en la desaparecida Radiolibre ILUNA IRRATIA del barrio de Santutxu (Creo que fuimos los culpables de dar el puntillazo de cierre al dedicar un programa entero a la retransmisión en diferido de los funerales de Txomin Iturbe Abásolo, jefe máximo de ETA muerto en Argélia en circunstancias extrañas, y también en Radio Gernika donde hacia un programa sobre Ecologísmo, después con el colectivo SAREA-Txakur Berdea del barrio de San Francisco durante unos 6/7 años colaborando como coordinador cultural musical.

Alternando a la vez durante éste tiempo estuve dos años en **AZRAF** una organización solidaria de los Bereberes del RIF en Euskadi como ayudante y asesor de su lider Khalid Amzir El Hadadi. .Esta organización en su comienzo reivindicaba la Independencia de la

Republica del RIF del reino de Marruecos, defendía la cultura Amazigh (bereber) Pero luego el posibilismo de ser emigrantes y marroquíes les llevo por otros derroteros distintos ajenos a las metas de sus soñados principios ·"Revolucionarios" era más importante la conquista del pan y ceder algo con el gobierno marroquí. Por esta razón abandone este colectivo de inmigrantes.

Tome parte en el desarrollo de la sección sindical de los desempleados de **LAB-Langabetuak** (Langile Abertzale Batasuna - Sindicato de trabajadores vascos) También estuve en las asambleas de BATASUNA participando en los debates previos de su fundación en el comité de Bilbao la Vieja. Durante estos procesos fuimos detenidos un grupo (todos éramos abueletes de edad madura que conocimos los tiempos del franquismo) por la Ertzaina durante unas movilizaciones y enjuiciados "Denunciados por Faltas" con el resultado posterior de absueltos. Después de unos avatares de la vida y de golpes duros de la misma con un proceso de desorientación personal, al fin me dedique a desarrollar mi parte de artista multidisciplinar que la tenía muerta y escondida como; la fotografía, músicas experimentales, escritor, músico de rock y Blues, promotor de conciertos con Crazy Producciones durante muchos años. Escribí un libro autobiográfico **DOCTOR BLUES**-Memorias autobiográficas y otro de poesía **VERSOS EN BLANCO** y hasta hoy donde desarrollo trabajos en las Redes Sociales con artículos de contenido social y político defendiendo siempre las causas perdidas y también publicando libros que no interesan a nadie excepto a una minoría de gente que aun les importa los temas sociales y de cultura...

El hecho de que este libro se titule **Crónicas Antiurbanas de un Anarquista Cósmico** se debe al hecho de que carece de la mas absoluta educación y urbanidad impuesta por moda en el sistema su nuevo e hipócrita invento llamado "Políticamente Correcto" Lo cual es una falacia ya que el sistema es de por si políticamente incorrecto y no obedece a mas leyes que a las suyas propias y a veces ni eso y éticamente carece de moral cuando se trata de obtener beneficios económicos en sus cuentas de resultados. Un sistema que utiliza la corrupción para lograr sus objetivos, fomenta guerras en el mundo y desarrolla el hambre y la desolación allí donde va. Que digan a uno/a lo que es políticamente correcto me parece un chiste de mal gusto y otra que pretendan darme lecciones de ética gentes que vienen de orígenes franquistas, corruptas, que son militantes de partidos gobernantes que esquilman los recursos del país. a manos llenas y que a sus habitantes los someten a vasallaje, envían a la miseria y les roban sus derechos políticos y sociales, son los menos indicados para exigirme arrepentimientos de ninguna clase de mi pasado militante abertzale. Si hay que dar explicaciones se les dará a los compatriotas de Euskal Herria y haremos la lectura correcta de nuestra historia reciente para que no vuelva a ocurrir nunca más y caminemos libres todos/as juntos/as de la mano hacia el camino de la Independencia y la libertad..

Lo de Anarquista creo que se entiende perfectamente aunque el sufijo *Ista* –del Griego *ISTES*- me ha parecido siempre un poco como el rabillo del culo por que implica seguir una doctrina o dogma aunque también significa persona que realiza un oficio o empleo –En este caso seria de escritor-ista- ¿Y por que Cósmico? Siempre tuve la sensación de que mi reino no era de éste mundo como decía aquel famoso predicador llamado Jesucristo: un personaje de uno de los cuentos de la Biblia escrita su vida en cuatro versiones según cada apóstol. Siempre tuve la sensación de haber nacido en el tiempo equivocado y en el momento equivocado y que mi sentido mental de la Utopia no cuajaba en esta época que me ha tocado vivir. Por lo tanto creo que quizá allí arriba o abajo. Según se mire la posición de la tierra –ya que todo es relativo- Y realmente todo es una interpretación de nuestra mente como dice la ciencia subatómica

A lo mejor en el Cosmos este ese lugar donde me corresponde por que en el actual soy un "Marciano"

(1) Askatasuna («libertad» en euskera) fue el nombre de una revista publicada en el País Vasco (España) en la década de 1970, de ideología anarquista y con notable repercusión en este periodo,[1] desde la cual se defendían planteamientos independentistas desde un punto de vista libertario. Fundada en Bruselas en 1971 por exiliados durante la dictadura franquista, no pasaría al interior hasta el 29 de febrero de 1976 Askatasuna era editada por el colectivo del mismo nombre, cuyos activistas eran, a su vez, militantes de la Confederación

Nacional del Trabajo (CNT), hasta que llegó el momento en que vieron frustrado su proyecto de constituir una organización específica para Euskadi que además debía ser reconocida como sección nacional por la AIT. A pesar de que la CNT no contaba con la hegemonía suficiente para liderar ese espacio libertario, aunque sí con la posibilidad de crear una nueva estructura junto a otras organizaciones ideológicamente cercanas, el colectivo Askatasuna finalmente fue expulsado en 1978. El colectivo Askatasuna defendía una lucha libertaria global incorporando a su discurso anarquista y comunista, concepciones del nacionalismo revolucionario y otras luchas que no se centraban exclusivamente en las políticas sindicales. Esta concepción mixta de lo libertario tuvo su esplendor en las Jornadas Libertarias Internacionales celebradas en Barcelona en julio de 1977, donde las intervenciones de los miembros de Askatasuna, que remachaban este aspecto, tuvieron gran eco. En diciembre, el colectivo anunció una «convergencia asamblearia» con otras organizaciones políticas vascas como LAIA (ez), LAK y OCA-EKA pero fue un proyecto efímero que se diluyó con el paso de los meses

El colectivo disponía de un taller en Bilbao, desde donde publicaban la revista y otros materiales. Este taller fue objeto de continuas amenazas por parte del grupo parapolicial Guerrilleros de Cristo Rey. El 24 de agosto de 1978, coincidiendo con la Semana Grande de las primeras fiestas de Bilbao celebradas en democracia, sufrió un atentado. Los autores, militantes de la formación ultraderechista Fuerza Nueva, provocaron un incendio con Keroseno que destruyó los talleres, los archivos y la redacción de la revista. Las pérdidas se evaluaron en 6.088.000 pesetas de la época. En septiembre de ese mismo año, Askatasuna salió a la calle con un número especial en respuesta al atentado del que se imprimieron 25.000 ejemplares. Definición encontrada Fuente de Wikipedia

También no se sabe si los mismos autores fascistas incendiaron un local de la O.R.T. Organización de Trabajadores Revolucionarios. De tendencia Maoista en la zona de la margen derecha de Bizkaia..

(2) El Bar Long-drink estaba situado en la calle Bertendona de Bilbao y allí a las noches nos juntábamos varios músicos, los de Askatasuna y diversos personajes de la zona como abogados, Psiquiatras, Ingenieros de la central Nuclear de Lemoniz (En la que estábamos en contra) Pequeños empresarios que a las tardes echaban unas partidas de cartas y otra serie de personajes singulares. Estaba regentado por Carmina una antigua vendedora de

aceitunas muy popular en Bilbao. Tocábamos la Guitarra y había un ambiente muy bohemio, algo que no gustaba mucho a los de la zona y a las "personas de bien" Aquella zona estaba calificada por los de Fuerza Nueva como "Zona Fascista Nacional Libre"

(3) Durante la detención, cuando traspasábamos la puerta de la comisaría, dentro del automóvil me dijo un policía ¡Aquí acaban tus derechos! Eso me era familiar, ya estuve detenido con el Franquismo durante dos días bajo el último Estado de Excepción y otras tres veces más por distintos motivos (políticos siempre) sabía y conocía sus métodos y me esperaba lo peor en éste último caso. No tenia muy claro si de allí iba a salir muy vivo.

Exactamente desde aquél momento hicieron todo lo que les vino en gana conmigo. Diez días mas tarde me entregaron al Juez vivo aún, pero aquél no era yo.- Realmente nunca recupere mi vida- por mucha experiencia de la represión maltrato y tortura que conociese desde antes.

El anarquista busca la libertad y la trascendentalidad del ser humano en una Utopía donde el mañana esta hoy presente en su mente.

Gotzon Monasterio

ARTICULOS

Ediciones en Blogs y Foros de Internet

Revolución global e infantilismo de juventud

Hace años creía en los movimientos Guerrilleros de Sudamérica, África, etc. (Eso sirvió de modelo también en la creación de ETA) Por aquél idealismo romántico que teníamos en nuestra juventud y creíamos en Fidel, el Che se convertía en mito, Lumumba y otros, pero el tiempo para algunos "Revolucionarios" del tercer mundo, Marxistas-Leninistas, Maoístas, Nasseristas y de otra índole no paso de sus propias mentes de dirigentes y no se adaptaron a los cambios y precisamente por no adaptarse se convirtieron en Dictadores. (*Tomaron el Marxismo-Leninismo como los integristas cristianos la Biblia, los Muslimes el Coran, los Sionistas el Talmud u otros libros "sagrados" y no supieron interpretar el Materialismo dialéctico y la adaptación del Marxismo a los cambios*) Ese determinismo y el Dogmatismo exacerbado ha sido posiblemente el causante del fracaso de las revoluciones y quizá la misma condición humana también tenga algo que ver. Pero esto no ocurre con las Democracias burguesas europeas actuales, auténticos vasallos serviles del sistema capitalista. La democracia lo interpretan como la mejor forma política de regirse las naciones pero pronto se adaptan a otras formas políticas según la conveniencia del Capital; Fascismo, Estados totalitarios o autoritarios (España)

Desmantelan los estados cuando les conviene reduciendo la democracia a la mínima expresión (Cada cuatro años elecciones) excepto los aparatos represivos como su policía, ejército y funcionarizado indispensable. Todo lo demás se privatiza y los servicios sociales se reducen a la mas pura caridad y la enseñanza gratuita se convierte en el aparato ideológico doctrinario para lavar cerebros a las nuevas generaciones para que asuman su papel de esclavos del futuro mientras que en las privadas se fabrican a las nuevas generaciones que perpetuaran el sistema. Igual que ocurría y ocurre en los países Estalinistas (Vietnam, Korea del Norte, China) donde desaparece una casta y surge otra de burócratas.

Estos estados "Democráticos" Dictan leyes para el beneficio del capital Trilateral financiero y grandes Trusts empresariales y para su propio cortijo privado formado por los que se suman a sus siglas, en España: UCD al principio, Ap-PP, PSOE, PNV, Ciu,

Coalición Canaria, C´s, etc. Saben como organizarse según las coyunturas económicas mundiales integrándose en comunidades como la CEE y otros tipos de mercados TTIP y foros como el Foro de Davos, Por lo tanto creo que el único cambio sociopolítico no vendrá solamente de partidos "Antisistema" del propio país si no que habría que comenzar por un cambio social y político a nivel Europeo, desde su propio parlamento "Democrático (Hoy totalmente de derechas y custodiado por el FMI, el BCE, CEE) o bien pudiera desarrollarse fuera de ello.

De otro modo no podría ser posible (Caso de Grecia con Siryza) o en el futuro con ¿PODEMOS? con otros modelos de Ver Europa (Confederación de estados nacionales como hoy se interpreta o con la confederación de pueblos como el Vasco, Catalán, Corso, Gascón, Bretón, Sardo, etc.

Donde el Parlamento de Europa no fuese un órgano de poder que dicta las normas y haga las leyes sin el consentimiento de los diputados de esos pueblos llamados hoy en día "Minorías Nacionales" Y a nivel "Micropolítico" Esos mismos pueblos deberían de ir construyendo lo que se llama "Construcción Nacional" orientada precisamente a esa forma política de ver y construir Europa y el mundo.

Una simbiosis de Minorías a Mayorías y viceversa en un contesto global podría cambiar algo en Europa y en consecuencia en el resto del Mundo.

De aquél joven idealista que milito en varias organizaciones de una manera independiente sólo queda el lado Libertario del *SER* como persona y *ENTE* pensante crítico adquirido del Hombre Prehistórico Ancestral que habito Euskal Herria y que perdura en sus genes y en su cosmogonía.

Cosmogonía mental (Arquetípicamente vasco) pulido en la escuela Libertaria de aquél colectivo que se llamo ASKATASUNA y que tuvo un papel importante teórico e ideológico durante los años 70/80 del siglo XX en Euskadi. En su momento también fue una corriente ideológica influyente de la Izquierda Abertzale principalmente y sus miembros; Hombres y Mujeres se definían así mismos/as como Anarkoabertzales (Anarquistas nacionalistas entendiendo la nación como un conjunto de pueblos con la misma cultura y lengua y su derecho de autoorganización propia, y de organizarse confederalmente con otros pueblos que esa nación decida)

"El Anarcoabertzalísmo propugna la independencia de Euskadi del estado español y se rige en un sistema asambleario sin estructuras de estado en cada región y cada pueblo"

Los vascos en su Historia se rigieron políticamente de ésta manera hasta la llegada de la romanización y el Feudalismo (Donde cambió el modelo de estructura social y de poder asambleario de libre elección de representantes que acudían a las asambleas de los Valles) y después con la llegada del estado moderno en el siglo XIX. Ya para entonces el Reyno de España había deteriorado mucho el poder político de las asambleas de poder que estaban integradas en los antiguos Fueros en cada provincia vasca, con la llegada del Liberalismo los Fueros fueron eliminados y es por ello que los vascos apoyaron a Carlos Isidro María de Borbón que prometía restablecer de nuevo esos fueros. De nuevo nos implicamos en otra guerra española que ni nos iba ni nos venía. En vez de independizarnos.

Si en aquellos años fuimos activistas y revolucionarios, nacionalistas vascos/as, antifranquistas y apoyábamos la violencia etista —*de jóvenes todos queríamos ser de E.T.A por que creíamos que era una organización que luchaba contra el Fascismo, todos nos sentíamos miembros de ETA como una cosa natural-* es debido a nuestros abuelos/as nuestros padres y madres

"ETA se creo para recuperar la dignidad de los vascos; Si Franco que era un criminal mataba, ETA mataba, había que defenderse, teníamos que defender al pueblo" Julen Madariaga fundador de ETA. Se refiere a la primera época de ETA después ya conocemos su postura crítica respecto a la lucha armada.

¡¡Debíamos proseguir la guerra que ellos perdieron y ganarla!! - ***Nire Aitaren Etxea defendituko dut***- éramos unos soñadores con un discurso mesiánico donde morir era convertirse en un héroe y martir de la patria - ***Eusko gudariak gara Euskadi askatzeko, gerturik daukagu odola bere alde emateko***-. y sobre todo por el estado terrorista Franquista al que odiábamos. De una manera visceral y estábamos llenos de romanticismo "Nihilísta" creíamos que muerto Franco vendría la independencia, muchos jóvenes murieron en el camino, otros fuimos represaliados; detenidos, golpeados, torturados, encarcelados, exiliados, fusilados, humillados, traicionados por nuestros propios dirigentes políticos que durante la república jugaron un papel muy importante en la lucha contra el Fascismo mientras otros estaban en las catacumbas escondidos en inactividad permanente como el PNV.

Y todo esto mamados de ideología nacionalista inculcada por nuestras familias e independentista, revolucionarios y rebeldes desde muy jóvenes, prácticamente desde niños *-también influidos por lo que percibíamos en el exterior y en el ambiente represivo del franquismo-* y también mas tarde fuimos encarcelados incluso con la "Democracia" prosiguiendo una lucha armada cuyo paradigma practica. y metodología ya no servía ante el nuevo paradigma político y económico mundial que se estaba avecinando.

El mundo cambiaba a gran velocidad hacia la globalidad y los estados ya no jugaban el mismo papel que en los años 70 que aun eran soberanos plenos, el estado español ya no era solamente el único opresor de Euskadi si no que también los países de la UE tienen que ver con toda la cuestión vasca en una toma de decisión y reconocimiento de la Independencia vasca y su resolución del conflicto (aunque directamente estén implicados Francia y España) Si los países europeos no reconocen el derecho a decidir de todos los pueblos que deseen emanciparse de los estados de la UE y formar su propio estado se convierten en cómplices de la opresión de esos pueblos. No vale decir eso de que es una cuestión que sólo compete a los estados donde existe el conflicto. Es un derecho humano a decidir cada pueblo su propio destino y esa carta la han firmado todos los estados de la UE. Una gran parte de esa juventud que tomo las armas acertada o desacertadamente (*Después de la reforma franquista al nuevo orden social Neofranquista-democrático con el padrinazgo del PSOE, PCE, UCD y en mayor o menor medida el resto de los partidos que estaban en la Plataforma Democrática aceptaron ese juego*) no tuvo tiempo para pensar en sus vidas futuras ***"Dena eman beharjako maite den askatasunari"*** (Lauxeta)

En realidad a mi criterio personal éstos jóvenes fueron/fuimos víctimas de una situación y un momento histórico surgido del Franquismo. La ideología Etísta (No quiero caer en la terminología y el sufijo arra Etarra usada por el enemigo como una adaptación del pensamiento castellano adoptando la forma del euskera) y el viejo paradigma de la lucha por la independencia a través de la guerra de guerrillas aun perduraba como método para vencer al estado y obligarle a sentarse para negociar una salida al derecho de autodeterminación y al conflicto vasco. El problema que tenía ETA es que solamente lo apoyaba un sector de la población de Euskadi y tenía a otro sector más mayoritario de vasc@s en contra y sobre todo cuando el PNV hizo los pactos de Ajuriaenea con Ardanza y se implico también en la lucha contra ETA (Cuando comenzaron a realizar ekintzas contra civiles aumento más esa oposición) Por lógica revolucionaria ETA tenia que haber hecho un análisis de la situación, Un movimiento guerrillero no puede vencer al enemigo solamente con el apoyo de una parte del pueblo y tener en contra al otro. La acción-reacción del combate guerrillero es cuando el estado reprime a ese pueblo entero por que se supone que el pueblo esta con la guerrilla. Pero en éste caso no sucedía eso y esa represión sólo se centraba en los sectores afines al grupo guerrillero; Prensa, Organizaciones, Colectivos, Radios, Sindicatos y otros de la IA, como así ha sucedido. La realidad cambió y fue Otegi quien viendo esa realidad desarrollo todo un trabajo teórico para tomar otro rumbo distinto a la IA hacia el camino de la paz, mas tarde pagaría con la cárcel por emprender ese camino aunque ya había voces críticas respecto a proseguir la lucha armada porque esta podría hacer desaparecer la misma IA y de hecho el apoyo electoral de EH-Bildu ha bajado a mas de la mitad de votos respecto a otras elecciones anteriores. Algunas organizaciones que pertenecieron a la IA como ARALAR se salieron de ese entorno por que no comulgaban con el uso de la violencia como metodología política para conquistar la independencia vasca. De hecho debemos de asumir que esa guerra armada contra el estado se ha perdido y además estrepitosamente, tenemos que hacer autocrítica sobre esa cuestión, pero no plegarnos a lo que el estado quiere; Arrepentimiento, rendición sin condiciones y reconocer el daño causado sin que el estado reconozca nada de su proceder represivo durante el franquismo y después de éste y el reconocimiento de Euskalherria como un país con derecho a decidir su propio futuro. La memoria histórica lo haremos entre todos/as vascos y "constitucionalistas" –Nacionalistas españoles por que el PNV asume la constitución pero se declara nacionalista vasco- pero reconociendo cada parte la responsabilidad de sus hechos durante el conflicto vasco que aun no esta resuelto.

Un nuevo Paradigma

El Paradigma de los años 60 ha cambiado y hoy en día el futuro de Euskadi es aceptar el juego democrático y con sus mismas armas buscar el método de convencer a ese pueblo trabajador vasco que con la independencia vivirá mejor y será más próspera.

<<INDEPENDENCIA Y SOCIALISMO VAN JUNTOS DE LA MANO>> El uno sin el otro no tienen sentido en Euskalherria.

La dicotomía Etista de primero la Independencia y luego socialismo es un error teórico en el planteamiento de la lucha de liberación nacional de Euskalherria. La adhesión masiva al Independentismo se dará cuando la clase trabajadora y el pueblo tomen conciencia cuando vean que con esa opción es la que logra que su bienestar aumente durante el proceso de esa/s lucha/as sociales en la práctica diaria. Sólo de esa manera aumentara la adhesión independentista. Centrar la Independencia como el único objetivo en la IA hará retroceder a ésta y a la causa independentista por dejar aparcados para no se sabe cuando las luchas sociales cotidianas, las de corto y las de largo plazo. Solamente tenemos que ver el "Termómetro" de preferencias vasco. La principal preocupación de los/as vascos/as es el empleo, segundo las desigualdades sociales, tercero las perdidas de los derechos y libertades políticas, después en cuarto puesto viene la Independencia; celebración de un referéndum (Según el eusko-barómetro del 2016 un 60% votaría no a la independencia) y por último en el quinto puesto el terrorismo Yihadista. Tenemos mucho que hacer y trabajar en la IA.

Memoria histórica y puñaladas traperas

Después de la Salida de Otegi de la cárcel se ha desatado de nuevo la Guerra de descalificaciones y puñaladas traperas por la espalda para desacreditarle y sobre todo para contrarrestar el Efecto del Mitin de Anoeta en el día 5 de Marzo de 2016. Da la impresión de que ahora con PODEMOS y Otegi están nerviosos algunos sectores del Nacionalismo Vasco y los no nacionalistas vascos. Y sobre todo los de la derecha española que ven peligrar su permanencia en la actividad institucional del Parlamento Vasco. por estar totalmente obsoletos políticamente y cada vez son mas minoritarios desde que ETA dejo la actividad armada que fue su sustento ideológico y retahíla política en éstos últimos años y que aun lo usan como si la violencia aun perviviera y para justificarse políticamente su existencia, amén de las provocaciones por parte del estado con sus detenciones arbitrarias, juicios políticos fuera de lugar y del tiempo contra la IA imaginándose revivir el tiempo pasado con su letanía de que todo era ETA.

Yo también he hecho memoria Histórica al respecto y el enemigo a combatir no son los partidos nacionalistas sino que aquellos que se oponen siempre a todo aquello que sea el derecho a decidir y entre ellos también están los indefinidos como PODEMOS. Es más, si éste grupo obtuvo tantos votos de apoyo en Euskalherria fue por que las elecciones se vieron en clave estatal y había que desalojar a Rajoy y al PP como fuese del poder. Pues ha sido una gran equivocación que voten a PODEMOS porque este grupo esta también a favor de la unidad de España y el día que los vascos queramos dejar de tomar los caminos de las tierras de Castilla para ir al Parlamento de Diputad@s a pedir migajas nos pondrán todas los palos en las ruedas de nuestros carros independentistas posibles en el camino, me huele que al final tendremos un gobierno de coalición del PSOE, C´s y PP y con el apoyo de Coalición Canaria y algún grupo mas de derechas ¿PNV? que se una a última hora podrían tener los votos necesarios para nombrar un candidato para la presidencia de España. Pienso que en las autonómicas la cosa no va a ser igual y aquí es cuando la IA tendrá que ponerse al día para desbancar políticamente a PODEMOS y el programa social que éstos presenten

Copiado precisamente del programa de la IA en su mayoría de apartados.

La IA tendrá que estrujarse mucho la cabeza para ello por que Otegi no es DIOS pero si un experimentado político al que hay que tener en cuenta, pero son las bases de la IA y los simpatizantes l@s que tienen que participar con sus opiniones e ideas en la creación de un programa político que atraiga y seduzca al electorado progresista y de izquierdas de todo tipo de Euskalherria y de saber hacer pactos políticos con los otros partidos que defiendan intereses coincidentes que beneficien a la población vasca.

Memoria Histórica y Tortura - Apuntes-

España es el único país de Europa que aun no ha hecho sus deberes con la historia. Es el país que oculta los muertos de las cunetas, también la identidad de sus asesinos, permite la exaltación del franquismo a grupos de extrema derecha y a asociaciones paramilitares de ex-legionarios que vitorean a un fascista Millán Astray que hizo apología de la muerte frente al escritor Miguel Unamuno en el paraninfo de la Universidad de Salamanca. Legaliza partidos de ideología fascista como la Falange Española de las JONS, Falange Auténtica Democracia Nacional (DN) Alternativa Española, La organización España en Marcha (LEM) (Coalición de Alianza Nacional (AN) y el Movimiento Católico Español, todavía se realizan desfiles militares de origen franquista como el del Día de la Hispanidad. Permite la existencia legal de la Fundación Franco, también que los descendientes gocen de privilegios como el Pazo de Meiras. Nombres de calles y estatuas franquistas en calles y plazas del país, la existencia del monumento a los caídos donde esta el mausoleo del dictador Franco junto a Primo de Rivera

El estado no facilita de ninguna manera a las distintas asociaciones que buscan las fosas comunes ninguna información ni medios materiales ni económicos para llevar a cabo las investigaciones y así poder devolver los muertos a sus familiares.

El Parlamento Europeo y el Tribunal de Derechos Humanos ya ha apercibido más de una vez a España por no investigar las torturas y por no querer extraditar a los torturadores a requerimiento de jueces de Argentina. También la UE investiga los hechos ocurridos en Vitoria en el año 1976 admitiendo a tramite la petición de la Asociación 3 de Marzo.

VITORIA.- El Parlamento Europeo investigará si la negativa del Gobierno central a extraditar a antiguos cargos franquistas, por la causa judicial abierta en Argentina contra los crímenes de la dictadura española, vulnera varios tratados y acuerdos comunitarios sobre derechos humanos y memoria histórica. La decisión de la Comisión de Quejas, según han explicado, responde a que este organismo estima que existen "visos" de que, tal como se plantea en la queja, la actuación del Gobierno central en este asunto pueda haber contravenido diversos acuerdos y tratados europeos sobre derechos humanos y memoria histórica.- **Europa Press - Diario Público edición digital 22-2-2016**

"Máximo Castex, abogado de la querella argentina contra el franquismo, anuncia nuevas imputaciones y explica con detalle la causa y las trabas que el Gobierno español sigue poniendo para juzgar los crímenes de la dictadura fascista" **El Diario.es – Galicia 04/11/2013**

El Tribunal de Estrasburgo vuelve a condenar a España por no investigar torturas a un detenido El TEDH condena a España a indemnizar con 20.000 euros a Xabier Beortegui por no investigar las torturas a las que presuntamente fue sometido

MADRID// El Tribunal Europeo de Derechos Humanos de Estrasburgo ha condenado por unanimidad a España por no investigar las denuncias de torturas. Es la octava condena que el Estado español ha recibido por parte del tribunal europeo. La sentencia condenatoria se produce después de una denuncia que presentó Xabier Beortegui, que alegó haber sufrido torturas por parte de la Guardia Civil en enero de 2011 acusado de pertenecer a la organización nacionalista vasca **Ekin. Lamarea.com 31 mayo 2016**

En 2014 Europa ha condenado cuatro veces a España por violar los derechos humanos

Las torturas durante detenciones incomunicadas, la vulneración de derechos de las personas demandantes de asilo y la apropiación de bienes por parte de la Iglesia son los tres temas que han llevado al Tribunal Europeo de Derechos Humanos (TEDH) a condenar al Estado español hasta en cuatro ocasiones durante 2014, según un informe elaborado por Rights Internacional Spain. El TEDH- ha condenado a España por violar los artículos 2, 3, 6 y 13 del Convenio Europeo para la Protección de los Derechos

Humanos y Libertades Fundamentales. Dos de las cuatro condenas son relativas a casos de torturas durante detenciones incomunicadas. **Diario Diagonal 26/12/14**

Aun vendrán más condenas por violar derechos de personas en Euskalherria.

Memoria histórica

Me he dado cuenta que mi memoria histórica se estaba atrofiando y que las cosas se estaban quedando en el olvido. Quizá por una reacción de curarme los traumas provocados por esas vivencias que tuve durante el Franquismo y posteriormente durante la "Democracia" . Vivencias de la represión y de aquella sociedad basada en el miedo y el terror de estado que tuvimos que padecer toda la población, Los jóvenes, especialmente, los que nos destacamos de alguna manera en la lucha antifranquista y salíamos a protestar a la calle.

Los que conocimos las Mazmorras de la comisaría de Indautxu en los 70´s, las detenciones con sus palizas correspondientes en aquellos bajos donde están ubicados los calabozos, la Tortura y la incomunicación durante diez días que padeci antes de entrar en prisión en el año 84, de las que me quedaron después para el resto de mi vida secuelas físicas y psicológicas aun hoy no reconocidas (No volví a ser la misma persona) Que no fui consciente de ello hasta ahora. Ahora que voy caminando hacia la "ancianidad" llamada 3ª edad.

Empiezo a tomar conciencia de todo lo que viví durante aquél estado terrorista y su seudo-democracia actual gobernada por los mismos hijos de aquellos asesinos y criminales que formaron parte en los gobiernos franquistas o pertenecen a familias franquistas conocidas. Los medios de comunicación han hecho una labor de sepultureros muy eficiente de todo aquello que sucedió en todo el territorio español, y nos han hecho ver que aún seguimos siendo culpables por ser o pertenecer a familias del bando perdedor "Los Rojos Separatistas y Masones" Y que ellos son las verdaderas víctimas del País por los muertos surgidos de la violencia de los Maquis en los años 40 hasta el 65 aproximadamente, mas tarde en el 58 ETA, luego surgiría FRAP, CCAA, GRAPO, y otros grupos de resistencia armada (Anarquistas sobre todo) y entre ellos Terra Lliure (Independentistas Catalanes) que surgieron durante el franquismo y su dictadura…También un grupúsculo de "iluminados maoístas" llamados IRAULTZA Revolución en euskera Con los que tuve el gusto de conocerles en la cárcel en el 84 y compartir módulo presidiario (De no ser por ésta situación histórica del franquismo no habrían surgido grupos que usasen la violencia) y después a mi modo de ver erróneamente continuaron a partir del 75 con la violencia hasta muy hace poco cuando ETA decide abandonar las armas y sumarse al juego democrático los partidos de la IA (1)

A mi modo de ver nunca existirá al menos en dos generaciones o tres ese espíritu verdadero de reconciliación por aquellos hechos por la sencilla razón de que aun existen símbolos, celebraciones y organizaciones fascistas legales en éste país y por que los nietos e hijos de los franquistas siguen pervirtiendo la democracia e imponiendo leyes iguales que las de sus padres y abuelos disfrazados de democracia votados en las cortes solamente por ellos mismo en mayoría absoluta sin consenso de los demás grupos parlamentarios, siguen encarcelando a dirigentes políticos que se oponen a esas leyes irracionales, ilegalizando partidos políticos que no les son afines, cerrando radios y periódicos opositores, encarcelando abogados que les ponen contra la pared su legalidad en Europa, siguen negando el derecho de las nacionalidades a su propia autodeterminación. Y posiblemente a toda aquella persona que escriba en cualquier medio de expresión todo lo que no les guste y convenga a sus intereses políticos y financieros. Verdad y Reparación sólo serán dos palabras que quedaran en el aire y que siempre reivindicaran una verdadera **Memoria Histórica.**

(1) *En realidad todos esos grupos guerrilleros surgieron por una consecuencia histórica y a su vez son victimas de esa misma situación histórica:. De no existir el Franquismo no hubiera existido la violencia, por lo tanto la violencia armada de los guerrilleros y organizaciones que practicaron la lucha armada es una consecuencia histórica de una situación política determinada de un suceso en éste País. No olvidemos que el estado Franquista en*

*realidad era ilegal por que se habían alzado en armas contra un gobierno legítimo elegido democráticamente por el pueblo, por lo tanto bajo una perspectiva militarista y de justicia era legítimo combatir y usar la violencia contra los usurpadores. Por lo tanto históricamente no viene a cuento por parte de los del bando franquista exigir pedir perdón por las víctimas muertas durante éste período del Franquismo —*otro análisis distinto se merece después de la Transición*- por que ellos ocupaban el poder ilegítimamente, asesinaban, torturaban y mantenían su ley a través de sus aparatos de estado terrorista. Esto que he dicho va a doler a algun@s pero esa fue la realidad y es mi modo de ver la historia. Aunque estoy en contra de las violencias por que éticamente es ilegítimo quitar la vida a otro (El mundo y sus cambios históricos han "evolucionado" a través del uso de la violencia, el capitalismo usa la violencia para conseguir sus fines) las cosas sucedieron así, todo lo contrario sería falsear la Historia. Si fue justa o no esa violencia será una cuestión histórica la que lo dirima. Los que la vivimos en ambas partes de la trinchera nunca seremos objetivos por que no nos deja ver nuestro propio dolor y sufrimiento padecido. Será la historia la que juzgue.*

Sobre el Estado y otras cosas

"Los Estados y soberanías que han tenido y tienen autoridad sobre los hombres, fueron y son, repúblicas o principados" (Maquiavelo)

¡Gora Euskadi Independiente! ¡Gora Euskadi Socialista! Son dos de las consignas de la izquierda abertzale-IA durante mas de 40 años y aún es el grito mas sonado durante todas las campañas electorales junto con la de los presos, siempre fue la consigna principal desde los tiempos de Herri Batasuna y toda la política de la IA se ha centrado en la consigna de la Independencia y los presos. Lo de socialismo estaba aparcado "Para más tarde" Socialismo implica trabajar en la sociedad y sus problemas sociales. En éste campo la IA no se ha empleado mucho ni ha capitalizado el tema social directamente aunque apoyase a los colectivos sociales en momentos puntuales en llamadas a huelgas o manifestaciones para apoyar las reivindicaciones de esos colectivos, quizá también por no querer capitalizar y quitar protagonismo a estos movimientos sociales y dejarles que funcionen independientemente a su aire,

Aunque a título personal muchos militantes de la IA han trabajado en colectivos sociales –sobre todo en barrios- que no se ha reconocido esa labor por la sociedad con el nombre de Herri Batasuna o BATASUNA y ahora EH-Bildu, pero la IA como organización hasta ahora no jugaba un papel muy importante en implicarse en los problemas de la sociedad directamente con su nombre político. Esto ha hecho que muchos abandonasen el apoyo electoral a la IA por centrarse demasiado en el concepto nacional y la lucha de resistencia que causaba detenciones, torturas y cárcel a militantes de las bases de la IA y no era atractivo para otros sectores de población sobre todo joven para arriesgarse tanto, estos preferían estar en colectivos y organizaciones sociales fuera del ámbito e influencia de la IA. Mientras otros grupos surgidos de los movimientos sociales o de partidos políticos desintegrados de IU-Euskadi; Antiguos exmilitantes de las juventudes maoístas o de grupos Trotskistas, comunistas, gente de Organizaciones Sociales, Alternativos, feministas, Ecologistas, Jóvenes asamblearios pertenecientes a movimientos sociales, gente independiente universitaria y progresista diversa iban haciéndose su espacio político en Euskal Herria hasta la irrupción de formaciones nuevas como PODEMOS. -**Que han sabido conectar con las nuevas generaciones nacidas en Euskal Herria-**

También por que la IA "arrastra" un pasado con el sambenito de la mochila llena de su relación con la violencia que aun no ha resuelto por que el estado español y el francés no quieren fundamentalmente. La IA tendrá que renovarse y volver a conectar de nuevo con los problemas de la sociedad (En ello creo que esta) Tendrá que crear un nuevo paradigma político con un programa político nuevo que ilusione y sea actual, realmente transformador con bases políticas nuevas, donde este incluido el socialismo real en la práctica y la independencia. que conecten con las nuevas generaciones de lo contrario esta condenada a desaparecer y todo su esfuerzo histórico de lucha habrá sido en vano. La IA debe de volver a conectar realmente con los problemas del pueblo.

La Independencia conlleva la creación de un estado *"Comunidad social con una organización política común y un territorio con órganos de gobierno propios, que es soberana e independiente políticamente de otras comunidades."* Esta sería la definición mas ajustada a lo que es un estado. Así escrito parece una cosa de rostro amable pero la verdadera finalidad del estado es servir los intereses económicos del Sistema Capitalista –como siempre- en Europa y otros lugares del mundo.

Los orígenes del estado moderno se dieron con la industrialización en el siglo XIX,

El más antiguo es el Ingles y después el Alemán. Es cuando se da el concepto de Estado Soberano. Hay muchas formas de Estados; Estados asociados, Estados Unidos,

Estados neutrales, Estados administrativos fiduciarios (Andorra) Estados bajo mandato (Normalmente protegidos por organizaciones internacionales, OTAN (Caso de Namibia hasta 1998) Desde tiempos atrás los estados estaban organizados en microestados, a veces federados entre si y con un Rey, cuando algunas comunidades de personas ocupaban un territorio y sedentarizan en él –finales del Neolítico y Edad del Bronce- a través de los años formaban grandes comunidades y un estado. Los primeros microestados más conocidos son los Asirio-caldeos –Los mas estudiados y de donde provienen los estados actuales occidentales, los estados de los países sudamericanos aun estén en permanente investigación aunque se supone que las dinámicas de funcionamiento son similares en el tiempo- después surgiría el estado Ateniense y los conceptos de la Democracia, y mas tarde los estados eran Imperios con diferentes organizaciones políticas para regirse. Desde la Democracia ateniense hasta la Plutocracia, el absolutismo, repúblicas, dictaduras de cualquier clase. a través de los distintos periodos de la historia desde sus orígenes Asirio-Caldeos, Griegos, Romanos, durante el Feudalismo en su mayoría Reynos -excepto Nabarra que fue un estado- y finalmente, Capitalismo y el "Comunismo" (Dos caras de la misma moneda)

"Algunas concepciones como el anarquismo consideran conveniente la total desaparición de los Estados, en favor del ejercicio soberano de la libertad individual a través de asociaciones y organizaciones libres. Otras concepciones aceptan la existencia del Estado, con mayor o menor autoridad o potestad, pero difieren en cuanto cual debiera ser su forma de organización y el alcance de sus facultades:" Fuentes de diversos autores en Wikipedia. Sobre el estado.

El estado se arroga el derecho de ejercer la violencia contra todo aquél que vaya en contra de sus leyes "El estado se define defensor de los derechos de todos/as los/as individuos/as que componen una nación" Esto en realidad es una falacia, normalmente en los estados capitalistas y también en los demás las leyes se hacen para proteger a los más poderosos sus intereses. Leyes para condenar Siempre a los menos favorecidos socialmente; Unos en más medidas que en otros. El caso en España es la más patente; A uno que roba millones lo tienen en la calle y a un pobre ladronzuelo que roba una tarjeta de crédito y se gasta 100€ lo condenan a cinco años de prisión y ejemplos hay muchos más.. El estado no protege realmente a todas las personas que habitan en el territorio nacional el estado sólo protege los intereses de clase, de una casta económica de rentas altas y a los intereses de las Transnacionales que dominan las economías del mundo. El estado es el aparato represor de todos/as aquellos/as que quieran cambiar el Stablishment de los intereses capitalistas en los países occidentales y orientales, los intereses de una clase privilegiada también en países musulmanes a través de muchas formas de imposición ya sea religiosa o dictaduras (Arabia Saudi, Emiratos Árabes, Irán y lo mas reciente el "Estado Islámico" Cuando unos intereses de clase o poder están amenazados, el estado utilizara todo su aparato de poder para aplastar a los que intentan "Subvertir" el orden establecido. Utilizara todos los medios de que dispone para llevar a efecto esa labor; Utilizara la Prisión, la tortura y la eliminación física de los individuos considerados enemigos, en unos países más escandalosamente que en otros, estén en guerra o no. Y en toda clase de estados, sean democráticos o dictatoriales, Europeos o Americanos, Asiáticos o Africanos.

Todos recordamos Guantánamo o Abu Kraa y otras prisiones –algunas secretas- donde los estados democráticos han cometido abusos contra prisioneros de guerra –saltándose los derechos humanos- bajo la acusación nunca probada en muchos casos de que pertenezcan a grupos terroristas *(El nuevo invento del enemigo del sistema fabricado para infundir miedo a las poblaciones para seguir manteniendo el poder las mismas clases económicas que fabrican las guerras por sus intereses en el mundo)* Cuando los intereses de esas clases económicas y su poder están amenazados desde el mismo país por que ha irrumpido un nuevo grupo político que obstaculice el seguir manteniendo el Statu Quo del poder —Caso de PODEMOS en España- El estado utilizara toda su artillería de medios de comunicación y su discurso del miedo a la población para atacar a su "Enemigo" político y contrarrestar su influencia y su Política de Discurso, utilizará la guerra sucia de los bulos, la mentira, intoxicaciones, el insulto en las tertulias de las TV y Radios, conspiraciones de cloacas y Todo lo que sea menester para lograr sus fines.

Recordemos que durante el conflicto vasco después del franquismo el estado uso la Guerra sucia con asesinatos bajo las siglas del GAL, Batallón Vasco Español, ATE-Antiterrorismo de ETA, Triple A y otras siglas. Durante el franquismo lo hacia sin tapujos.

Mas tarde usaría la intoxicación y la mentira para meter en el mismo saco a todas las organizaciones de la Izquierda Abertzale diciendo que todo era ETA. Inventaría unos macro-sumarios infumables para encarcelar a todos los dirigentes de BATASUNA y también colectivos solidarios de izquierdas (Askapena) periódicos como Egin, revistas como Egunkaria y emisoras de radio – Egin Irratia- radiolibres –Iluna Irratia y otros- y a todo aquello que olieran a independentismo como Gaztetxes y las Herriko Tabernas.

La tortura (Deviene desde muy antiguo en la humanidad) fue uno de los medios más empleados en el conflicto vasco para que los detenidos reconocieran su pertenencia a ETA –probado en mis propias carnes- o que colaboraban de una forma ideológica con ésta organización propagando y difundiendo u organizando todo tipo de movilizaciones, acciones a favor de ETA o materiales propagandísticos de contenidos políticos sobre el independentismo…. Ser Independentista ya era ser de ETA. El estado negaba el uso de la tortura y acusaba y denunciaba a los torturados por "denunciar falsamente lo padecido en comisarías y cuarteles" con penas de cárcel, la excusa era que los torturados debían denunciar la tortura por orden de ETA al juez para desprestigiar al estado, las fuerzas armadas y policiales y sus torturadores. Los jueces de la AN-Audiencia Nacional. hacían caso omiso de estas denuncias. España firmo la carta de los DD.HH.-Derechos Humanos, pero no los cumple.

El anarquismo es lo contrario al estado, por que los estados están a las órdenes de los intereses económicos de clase. Y por que el anarquismo propugna la democracia directa desde la base y la autogestión propia del poder a través de los individuos que componen una nación o comunidad de personas. El estado burgués en su apariencia democrática es una auténtica farsa en sus acciones de cloaca utiliza lo métodos fascistas que harían sombra a los métodos nazis.

"El anarquismo sostiene que el Estado es la estructura de poder que pretende tener el monopolio del uso de la fuerza sobre un territorio y su población. Se le critica la falsa ostentación de la seguridad, defensa, protección social y justicia de la población; ejerciendo en realidad un gobierno obligatorio y violentando la soberanía individual y la no coacción. Los anarquistas señalan que el Estado es una institución

represora para mantener un orden económico y de poder concreto vinculado al poder público. Le atribuyen al Estado buena parte de los males que aquejan a la humanidad contemporánea como la pobreza, crisis económicas, las guerras, la injusticia social" Fuentes diversos autores Sobre el Estado y Kropotkin.

Alguno/a se preguntara y entonces cómo quieren los anarquistas organizar el estado?

Organización de un estado actuál

¿Cuáles son los principales pilares del funcionamiento del estado?

-**Monopolio de la violencia**

-**Hacienda e impuestos**

-**Policía y ejército**

-**Tribunales**

-**Administración burocrática del estado** (Gobierno, Senadores, Diputados, Consejeros Funcionarios del estado)

-Fronteras

¿Cómo se erige el poder? En los países democráticos? A través de unas elecciones donde se eligen unos diputados que nos representarán en un parlamento. Delegaremos en ellos nuestro poder para que ellos rijan nuestras vidas, hagan leyes y dispongan de todo el poder. Eligen al Presidente. -En otros lugares a golpe de Bayoneta-

Después tenemos las elecciones municipales donde elegimos a nuestros representantes en nuestros Ayuntamientos (Supuesto órgano de poder cercano al pueblo) Dejaremos en sus manos todos los asuntos relacionados con nuestra comunidad municipal. Para dirimir los conflictos entre personas, instituciones y otros estamentos tenemos los tribunales que imponen las sanciones con leyes aprobadas en el parlamento por los diputados que hemos elegido nosotros/as. Puede ocurrir que estas leyes no sean beneficiosas para nuestros intereses, pero si han sido aprobados por una mayoría parlamentaria que defiende los intereses de unas clases privilegiadas las tenemos que aceptar por muy injustas que nos parezcan a regañadientes o salir a la calle a protestar y nos pueden reprimir brutalmente con sus leyes hechas para defender los intereses de clase (Ley Mordaza en España) No olvides que tu has elegido a los que hacen las leyes o puede que no, pero si has elegido al representante de la derecha o izquierda, o a los que han votado con ellos tendrás que asumir las consecuencias de lo que éstos parlamentarios de derechas, centro o izquierda han hecho y votado.

Y por último tenemos las fronteras nacionales donde la libre circulación de personas esta prohibida a menos que tengas permisos o visados para entrar en esos países.

La unión Europea quito las fronteras dentro de su territorio pero de nuevo las han vuelto a instalar por motivos de seguridad para evitar atentados del EI-ISIS o ALQEDA, En otros estados Europeos antes soviéticos también han alzado vallas para evitar que los refugiados Sirios y de otros países puedan traspasarlos para instalarse en Europa, España también ha alzado vallas en Ceuta y Melilla para evitar la llegada de inmigrantes subsaharianos o Magrebíes y ahora refugiados de países en guerra, de las guerras organizadas por el mismo capitalismo y los estados que bombardean SIRIA europeos y Rusia.

"El supuesto problema de los refugiados" (*Los refugiados no son el problema, los estados de Europa son el problema y el sistema capitalista es el problema*) Ha traído en consecuencia descubrir las debilidades de la Unión Europea que no esta tan unida como se creía y pone en solfa su función; no han sido capaces de resolver la situación.

Más bien se lo han quitado de encima dejando la solución a un Sátrapa autogolpista de Turquía. Pone en cuestión su propia supervivencia y su propia utilidad. Los ingleses lo tienen muy claro. Utilizar a otras naciones como Marruecos o Turquía ha sido una solución bochornosa, vergonzante y que va en contra del derecho internacional de asilo a los refugiados del mundo. Con los refugiados se están pisando los Derechos Humanos vergonzosamente

Cómo se organiza una nación sin estado?

En primer lugar al estado se le quitarían las atribuciones del monopolio de la violencia. Después se disolverían todos los cuerpos del ejército y de policía. El orden sería gestionado por patrullas ciudadanas nombrados por el pueblo y no tendrían carácter funcionario tal como se entiende ahora. Estas patrullas podrían cambiarse en un momento dado. Serían lo más parecido a un alguacil de pueblo. Se supone que donde existe la justicia social no puede haber delincuencia, serían casos muy aislados. Aunque esto es una suposición por que todos/as sabemos que la condición humana es imprevisible.

Los pueblos de cada provincia podrán asociarse como les convengan a sus intereses económicos bien como comunidades, mancomunidades, merindades o cualquier otra forma para su propio desarrollo, su órgano de poder podría estar en los mismos ayuntamientos autogestionados por la democracia directa y coordinados a nivel provincial a través de una diputación que estaría regido por un sistema democrático asambleario autogestionado también donde pudiesen participar todos los representantes elegidos por la población para dirimir los problemas que pudieran surgir entre diferentes valles, demarcaciones, etc.

Estos representantes estarían elegidos por los mismos representantes del pueblo elegidos democráticamente, serian similares como representantes de ayuntamientos. Cada año se revisaría la labor de esos representantes y serian cambiados por el pueblo a través de la democracia directa si no cumpliesen el papel al que han sido destinados. La asamblea de las Diputaciones a su vez estarían coordinadas desde un parlamento que se encargaría de representar a esa nación en otros lugares del mundo, estos dirigentes estarían elegidos por el pueblo directamente y en listas abiertas y serían revocables si no cumpliesen el papel al que han sido sometidos, cada seis meses se constituiría una comisión de control de los mismos y se sometería a referéndum para hacer los cambios que hicieran falta. También se sometería a referéndum todos los asuntos que globalmente incumben a la nación. La organización provincial seria federal entretejida en un parlamento común para todas las provincias.

Todos los gastos del mantenimiento Administrativo de la nación serían pagados a través de la aportación de los medios de producción colectivizados; Cooperativas, Empresas familiares, Empresas de autónomos así como cualquier otro medio de producción económica que funcionase en csa nación de una manera equitativa y justa.

Y por la aportación de los propios individuos que la conforman. El sistema económico sería responsable con la naturaleza y la economía sostenible de consumismo responsable –Otra manera de vida es posible- Se buscaría otra manera de financiaciones indirectas a través del comercio con el interior y exterior de una manera justa y responsable.

La Sanidad y la educación serían gratuitos y de calidad máxima y avanzada, bien dotada de los medios materiales y de investigación – se eliminara la sanidad privada por ser clasista y por que en la actualidad esta dirigida por la banca- y los sueldos adecuados a los cargos de los que dirigen las empresas, universidades, educación en general, sanidad, seguridad social y otros cargos directivos colectivos y según las necesidades de las familias e individuos/as que viven en el país. Hablamos en un supuesto relativo, aun no sabemos lo que vamos a producir ni como, eso lo determina la propia dinámica de las economías.

Los asuntos legales y las leyes siempre serán aprobados democráticamente por el pueblo y habrá una institución que cuide del buen uso de esas leyes y serán en esas instituciones donde se celebren los "Juicios" y las sanciones para los que no cumplan esas leyes votadas por refrendo popular. El jurado será el pueblo y habrá un representante elegido democráticamente por el pueblo al que se le otorgue por meritos propios y conocimiento de las Leyes el papel de Juez.

El acusado tendrá siempre un abogado gratuito El Parlamento Nacional podrá sugerir leyes para coordinar una homogeneidad legal en toda la nación, pero será el pueblo la última instancia en votar en referéndum si se acepta esa ley o no (Esto ya se hace en Suiza).

Mas o menos la organización social y política de una nación sin estado es lo mas parecido a una autonomía actual pero siendo soberana y profundizando en el control democrático autogestionado de la población a sus dirigentes y los medios de producción.

El anarquismo ortodoxo aun es mas explícito con la organización social; no hay estado de ninguna clase ni ninguna organización administrativa, lo dejaremos ahí en proceso de discusión teórica para el futuro. Los paradigmas del mundo desde

Bakunin han cambiado, el mundo avanza a pasos agigantados cada vez a mas tecnologización y tenemos que profundizar el enfoque de adaptar el anarquismo y su teoría a estas nuevas realidades –cambios dialécticos- que cada vez nos crean más contradicciones a resolver. No podemos perder el tiempo en debates ortodoxos del mundo del siglo XIX para aplicarlos en el siglos XXI, serían debates estériles que no nos llevarían a ninguna parte.

No profundizo mas en éste capítulo para no aburrir al público. La cosa no es tan simple tiene más complicación pero tampoco es muy difícil. Organizar un estado es bastante complejo.

Claro esta que para que la utopía del anarquismo se de, debe de existir una conciencia colectiva que cada vez mas exija la libertad y el empoderamiento de las personas a ser dueños/as de su propio destino de una manera organizada libremente asociada y con una gran justicia social.

La utopia anarquista no es una cosa de locos, la locura consiste en mantener un sistema capitalista como el actual que crea división de clases, hambre, injusticia, miseria, guerras y la destrucción del planeta.

Cada día mas personas exigen más libertad, democracia y control de sus políticos pero hasta que no sean conscientes de que la verdadera democracia se autogestiona y que el sujeto de ese cambio eres tu mismo/a, no llegaremos a una sociedad anarquista o libertaria. Ni a una organización social del estado con una Democracia directa al estilo Suizo.

Ni siquiera una democracia socialdemócrata avanzada. Delegar el poder en otros es hacer dejación de tu libertad por que es cómodo vivir sin responsabilidades propias y directas;. Responsabilidades políticas, sociales y colectivas que puedes autogestionar y que abandonas para que el estado se ocupe del bienestar de las personas o las O.N.G.s como ocurre actualmente. Después quedara el recurso del pataleo y la protesta por la boca pequeña en los bares, fábricas y frente a la soledad del televisor acusando a tu gobierno de todos sus males (Sobre todo si se trata de corrupción, saqueo y robo como todos los gobiernos de España y sus políticos) y la repercusión de sus políticas sobre ti, tus derechos, etc. Recuerda que uno mismo/a es culpable de ello por delegar tu poder en otro/a. Y sobre todo por callar, obedecer y no salir a la calle a reivindicar.

Esto a groso modo es la organización de una nación sin estado. Explicado de una manera simple.

Nota; *Los anarquistas hemos existido siempre, -aunque el nombre de anarquismo es "moderno"- desde antes que existieran los estados. El socialismo y comunismo son "inventos" del siglo XIX. En el Mesolítico la organización social eran las asambleas de los valles hasta el surgimiento de los reyes y los estados. La democracia Ateniense conservaban aun unas formas de democracia directa.*

"Atenas fue una de las primeras ciudades en establecer la democracia (aunque algunas investigaciones antropológicas sugieren que, probablemente, los comportamientos democráticos fueron habituales en algunas sociedades apátridas mucho antes de la época de esplendor de Atenas). Otras ciudades griegas también establecieron democracias, pero no todas siguieron el modelo ateniense y, desde luego, ninguna fue tan poderosa ni tan estable (o bien documentada) como la de Atenas. Sigue siendo un experimento único e intrigante en la democracia directa, donde la gente no elige a representantes para votar en su nombre, sino que desarrollaban la legislación y ejercían el poder ejecutivo de manera personal. No obstante, la participación no era ni mucho menos universal, pero entre los que participaban apenas influía el poder económico, y la cantidad de gente involucrada era enorme. Además, las opiniones de los votantes estaban notablemente influidas por las sátiras políticas realizadas por los poetas cómicos en los teatros" .*(Texto* **extracto de la Wikipedia***)*

No todas las democracias directas son anarquistas. Tenemos el caso de Suiza (El más aproximado a una democracia directa) Por que éste estado es puramente capitalista neoliberal. Una democracia anarquista directa es cuando se trata de una colectividad organizada sin estado pero si con una organización social administrativa, que vela por la integridad de la libertad de las personas y su bienestar basado en la solidaridad y fraternidad. Gobernada por los individuos que la componen a través de la autogestión del poder, cuya máxima expresión es la Democracia Directa.

-El concepto del estado Marxista difiere del Anarquismo-

"Por su parte los marxistas afirman que cualquier Estado tiene un carácter de clase, y que no es más que el aparato armado y administrativo que ejerce los intereses de la clase social dominante. Por tanto aspiran a la conquista del poder político por parte de la clase trabajadora, la destrucción del Estado burgués y la construcción de un necesario Estado obrero como paso de transición hacia el socialismo y el comunismo, una sociedad donde a largo plazo no habrá Estado por haberse superado las contradicciones y luchas entre las clases sociales. Se discute sobre la viabilidad de la eliminación de las condiciones de la existencia burguesa, supuesto para el paso de la sociedad enajenada a la comunista" **Lenin, Eduardo Hugo Herrera y Fréderic Bastiat.**

En los estados donde el capitalismo Neoliberal siendo su ala más extremista el llamado —Anarcocapitalismo, en USA el Libertarian Party y en España el P-Lib o Partido Libertario-(1) tiene puestas sus garras, la labor del estado se reduce a lo mínimo. Se privatizan todos los servicios y el estado no cumple la labor protectora que debería ni interviene en la economía. La Sanidad publica se reduce a lo mínimo hasta convertirlo en una Sanidad Asistencial (Como en USA) Se potencia la Sanidad Privada, fondos de pensiones privados, los públicos se convierten en pensiones mínimas asistenciales, el nivel de la educación y su calidad se reduce a crear individuos/as ideologizados/as para en un futuro ser unos fieles esclavos de sus amos los medios de producción, mientras que en las escuelas privadas se crían los próximos capitalistas que serán los explotadores de los individuos/as que estudian en las escuelas nacionales gratuitas. El estado neoliberal capitalista solo se encarga de crear leyes favorecedoras para el capital reduciendo en lo posible los derechos y libertades individuales, mantener el orden publico, la burocracia administrativa al servicio de la banca principalmente y recabar impuestos sangrantes al pueblo para mantener ...los ejércitos y policías para salvaguardar el orden establecido para seguir con la explotación de todas las clases trabajadoras del País y para intervenir en las guerras en los países donde los mismos capitalistas los crean para hacer sus negocios. Quien crea que el estado actual burgués es beneficioso para la sociedad o que es el gran padre garante de la democracia y que nos protege esta equivocado/da o es ignorante o uno/a con síndrome de Endógamo.

¿Qué estado Vasco vamos a tener?

Cuando desde la Izquierda Abertzale se habla de un estado socialista vasco a que tipo de estado se refiere? ¿Al estado Marxista donde manda un partido "Comunista" en todo el país como en la revolución boltxebike de 1917 en Rusia o al estilo de Cuba, Vietnam, China, Corea del Norte o a un estado Democrático de máxima libertad pequeñoburgués donde exista una relativa justicia democratacristiana como la actual social-socialoide o de corte socialdemócrata, o profundizaremos hacia un estado prácticamente administrativo cuya democracia es autogestionada por todas las personas y el poder es del pueblo ¿Qué país preferimos para nosotros/as?

Es obvio Que la izquierda abertzale nunca ha tenido un programa de construcción nacional hacia un estado socialista, ni siquiera un esbozo, ni un esquema teórico. Todo sus programas políticos desde HB hasta ahora hablan del estado socialista que nadie sabemos lo que es en la práctica y que sólo conocemos los estados llamados así que son unas dictaduras en el mundo. El estado socialista vasco es como un sueño.

"Es preciso soñar, pero con la condición de creer en nuestros sueños. De examinar con atención la vida real, de confrontar nuestra observación con nuestros sueños, y de realizar escrupulosamente nuestra fantasía" **V. I. Lenin**

Hasta ahora las luchas sociales vascas han sido todas en clave de resistencia contra las agresiones del capital que ha borrado de un plumazo derechos sociales (Recortes sociales de todo tipo) históricos conseguidos a través de las luchas obreras y los derechos políticos reducidos a lo mínimo con leyes tipo Mordaza. Luchas también por agresiones al medio ambiente (Lemoniz, Itoiz, TAV….) y también contra los desahucios y otras injusticias sociales. La mayoría de estas luchas han sido dinamizadas por los movimientos sociales y movimientos alternativos anticapitalistas y ecologistas.

En mi opinión se hace imprescindible abrir un debate sobre la cuestión del socialismo en la Izquierda Abertzale e ir creando unas bases que vayan conformando formas libertarias y un modelo de sociedad basado en la recuperación de los derechos perdidos y una justicia social y, un reparto más equitativo de la riqueza. Plantear el papel que va a jugar el estado y para qué necesitamos ese estado, ese estado de sueño llamado y ansiado "Estado Socialista Vasco" ¡¡Quizá tenemos que aprender de nuestros antepasados de la montaña donde se practicaba el anarquismo de una manera natural hasta la llegada de la romanización, pero éste adaptándolo a los tiempos modernos!!

(1) <<*Su plataforma electoral se basa en elementos de la "filosofía libertaria" y en la defensa de una economía capitalista de libre mercado (laissez faire), los derechos individuales, como la libertad de asociación y orientación sexual, y la propiedad privada. También son partidarios de la libre circulación de personas entre países, y regulaciones mínimas a la migración*>>

Anarquismo y Violencia

En algunos Países de Sudamérica matar es una cosa normal y la vida no vale nada ¿Pero quién nos da el derecho de matar a un semejante? En la guerra es lícito matar por que eres un soldado y ese es tu trabajo ¡Ahí no se cuestiona la moral ni la ética! ¿Por qué se originan las guerras? Por ambición de unos pocos por obtener más riqueza y el dominio del mundo, mandan a morir a otros/as en nombre de la patria; esa patria donde existen clases sociales, desigualdad y pobreza. Amar a la patria o nación (*Sobre esto en el colectivo ASKATASUNA dejamos claro lo que es nacionalismo burgués y nacionalismo de pueblo*) es una cosa pero ir a morir por los intereses de otros invadiendo pueblos y naciones es otra distinta; por mucho que nos den trabajo esos empresarios que se enriquecen con nuestro sudor y esquilmando nuestros derechos sociales y sindicales y a los que solamente les importamos como mano de obra esclava ¿Realmente merece la pena matar? Matar no justifica ninguna revolución, la verdadera revolución esta en el interior de las personas, su crecimiento y evolución personal para mejorar su espíritu y conocimiento para desarraigar las injusticias sociales y la miseria en el mundo "ahí si que tenemos que entrar a matar"

La ética cristiana dice en un mandamiento ¡No matarás! Pero los cristianos impusieron la religión a sangre, fuego y muerte, al igual que los integristas islámicos y las demás religiones de origen patriarcalista. Realmente a estas alturas de la civilización humana usar la violencia para justificar los fines esta de más, en nombre de nobles ideas se han cometido muchos crímenes de guerra; Stalin, Mao, Kjemer rojo y en nombre de la democracia otros tantos; Vietnam, Irak, Libia, guerras del Golfo Pérsico, Afganistán, etc.. Pero por desgracia el ser humano siempre tropieza en la misma piedra. Y a veces por desgracia tenemos que recurrir a la autodefensa. Los anarquistas somos enemigos de la violencia pero en la guerra civil tuvieron que empuñar las armas para defenderse y al final muchos murieron defendiendo las ideas del anarquismo y también defendiendo a una república burguesa que defendía la división de las clases sociales. frente al fascismo no quedo otro remedio que matar.

Una pregunta que siempre me quedara en el aire ¿Fueron lícitos los maquis guerrilleros que actuaron hasta 1954, y ETA, FRAP, GRAPO, CC.AA que utilizaron la violencia frente a un franquismo que se impuso por la fuerza de las armas con violencia y asesinatos de exterminio en masa contra un gobierno elegido por el pueblo como fue la Republica? ¿Con qué Ética analizamos eso? Esa ética que muchas veces se usa y se utiliza de una forma partidista e interesada para unos fines concretos del poder a través de los medios de comunicación y también con la colaboración de las distintas iglesias y comunidades religiosas diversas que existen en éste país y partidos políticos que defienden las democracias burguesas capitalistas que no tienen inconveniente en hacer la guerra a otros países como paso con Irak y en la que España se implicó por encima de la opinión de sus habitantes, una guerra basada en la mentira, la manipulación y la inquina de unos criminales de guerra que no han sido aun juzgados ¿Dónde estaba su ética entonces? Creo que no somos tan humanos si todo lo resolvemos con la violencia, aunque la autodefensa es otro cantar; un mal necesario al que se nos hace recurrir muchas veces en contra de nuestra voluntad y nuestros principios cuando nos agreden en muchos ámbitos aquellos que defienden intereses personales y corporativistas capitalistas.

"Un recurso que luego utiliza el estado como arma propagandística para asustar a las masas criminalizando a los anarquistas asemejándolos al mal y al diablo, e incluso comparándonos con los terroristas. Curiosamente en muchas películas de USA intentan mimetizar al anarquista con un motero de una banda de criminales tipo Ángeles del Infierno y semejantes; individuos fuera de la ley, peligrosos, asesinos, a veces incluso ponen bombas y matan sin piedad" " Intentan dar la imagen del anarquista como una persona sin principios, ni ética ni moral, que no obedece las leyes. Justo lo contrario de lo que es o debería ser un Anarquista.

Aunque siempre debemos de evitar llegar a ese extremo y podamos utilizar unas vías más pacifistas y democráticas como las movilizaciones sociales y campañas de concienciación, contra-información y propaganda ANTI, las RR.SS-Redes Sociales y cualquier otro medio de información disponible a nuestro alcance. Los anarquistas no somos violentos, utilizamos la razón de la palabra frente a la razón de la sinrazón y contra la violencia que se arroga el estado como monopolio, otorgado a través de nuestra concesión y delegación de poder que les otorgamos por las urnas y otras veces sin urnas. Ese estado que siempre utiliza la violencia contra los mismos de siempre, LOS POBRES.

Ser Abertzale y votar **PODEMOS** es tirarse piedras a tu mismo tejado

¿Para que votamos l@s vasc@s a un partido estatalista para hacer masa para liberar a un país del poder de la derecha si éste país quiere a esa derecha en el gobierno? ¿Hasta donde somos tontos/as los vascos y las vascas?

El voto útil pensando en clave nacional (Elecciones al parlamento de España 2016) a veces es contraproducente a los intereses políticos que defiendes, si toda la vida has defendido una opción independentista. Y sobre todo si tu meta política a largo plazo es esa. Ese análisis de números, pensando que cuanto más votos tenga PODEMOS va a ser mas fácil de que la derecha no obtenga el poder es totalmente simplista. En primer lugar según algunos sondeos de encuestas al PP obtendría el 30,3% de los votos y entre 123 y 128 escaños, Unidos Podemos obtendría el 25,1% de los votos entre 82 y 87 escaños, los socialistas 83 y 86 escaños, Ciudadanos 32/34 muchos menos que en las elecciones anteriores, seguramente por el pacto anterior con los socialistas que no gustaría a algunos sectores que les votaron. EAJ_PNV 5 escaños y EH-Bildu 2 o 3 escaños. Sabemos que las encuestas no son muy científicas y que muchas veces no llegan a parecerse a la realidad de lo que vota el pueblo.

Pero aproximadamente el panorama que se nos ofrece es mas o menos parecido a las anteriores elecciones y esperemos de que no haya que volver a votar en terceras convocatorias..

Ni aun sumando todos los votos de la Izquierda parlamentaria; Catalanes los de Compromís y las Mareas de Podemos se lograría vestir al señor Iglesias de Presidente, ni con apoyo del PNV o Coalición Canaria. El PP no va a sacrificar la cabeza de Rajoy por mucho que quiera Ciudadanos, ni el PSOE tiene visos de formar gobierno con Podemos por que Sánchez tiene las manos muy atadas por sus mismos barones del partido para maniobrar libremente. Además el PSOE no tiene intención de regenerar la democracia por que le va bien en este donde esta y tampoco representa al socialismo, ni siquiera ya a la socialdemocracia, es una derecha centrista que no se plantea cambios económicos contra el capitalismo y tan Neoliberal como el PP.

Lo más probable es que el PP gobierne en solitario con la abstención del PSOE y tenga apoyos puntuales sobre algunas políticas a llevar a cabo en el país, de éste o de Ciudadanos o del PNV también..

¿Qué papel van a jugar los diferentes partidos nacionalistas vascos en el parlamento?

El PNV va con su "Agenda Vasca" me imagino que será para apuntar sus deberes cuando hablen con Rajoy y no esa merienda de negros de Pase Foral; autonomía de no se sabe qué clase. Por su parte EH-Bildu después de su último "congresillo" Va con una actitud positiva de realizar pactos con la izquierda española siempre que beneficien a

Euskalherria y también para apoyar políticas conjuntas con PODEMOS que interesen para todo el País (España) y que de rebote también para los vascos/as. La regeneración democrática es la tarea más fundamental y EH-Bildu (Amaiur) apoyara todas las políticas que se realicen sobre ello. La contradicción con PODEMOS surgirá cuando se toque el asunto de un referéndum para que los vascos y vascas decidan su futuro por que PODEMOS defiende la unidad de España y en eso se van a poner muy firmes y apretaran sus filas con el PSOE, PP, C´s y demás partidos españoles de la derecha.

Por mucho que en su programa tengan y digan que están a favor de apoyar la "autodeterminación dc los pueblos" quizá de los otros pueblos del mundo si pero con el vasco tengo mis dudas.

Cuando se trata de las naciones que viven en España el asunto cambia. Esto no es nuevo También el PSOE en los 70´s apoyaba el derecho de autodeterminación de los pueblos, cuando asumieron el poder se olvidaron de ello, renunciaron al marxismo y a la lucha de clases y se nombraron así mismos como un partido socialdemócrata al igual que hace PODEMOS. Este partido aún no sabemos de qué pie cojea; ideológicamente me parece una sopa sin sustancia por falta del hueso para el caldo.

Asimismo, sumaremos fuerzas para que el nuevo Gobierno español reconozca y respete el carácter plurinacional del Estado, asumiendo así el derecho a decidir de todas las naciones sin Estado, comprometiéndose no solo a permitir consultas a la ciudadanía de las naciones, sino también a respetar y llevar a cabo las decisiones que de forma democrática emanen de las consultas"

Así lo confirman en su web EH-Bildu Es por ésta razón de por que la política de sumar votos de los votantes abertzales a PODEMOS para echar del poder al PP falla por las patas cuando uno/a se declara independentista. Conocemos a PODEMOS en su poca trayectoria histórica a dado bandazos hacia un lado y a otro, de grupo contestatario del espíritu 15M antisistema a lo que se declara hoy en día como grupo socialdemócrata no le hace creíble..Y menos el Sr. Iglesias que cada día se despierta como libertario, otro día es comunista al otro socialdemócrata en un mitin glorifica a la Guardia Civil y a la bandera de España y en otra a la ikurriña o la senyera y otras bufonadas más, también por otra parte IU también es antinacionalista (el P.C.E. siempre fue centralista y siempre ha negado históricamente la existencia de otras naciones dentro de España aunque si después las autonomías .

La clave no es votar con el concepto de Elecciones Nacionales.

No son las razones de ser la clave de elecciones nacionales para ceder votos para hacer mayorías en Madrid, para eso están nuestros diputados para apoyar en Madrid las políticas que nos beneficien como pueblo y que sea con nuestro voto propio y voz propia. Ellos son nuestros representados para apoyar   todas las leyes que beneficien directamente y solidariamente al pueblo y a la clase trabajadora de España y a la nuestra directa e indirectamente y es a nuestra propia política nacional y nuestros representantes a los que debemos de dar nuestro voto Esa es la principal razón para que un abertzale no ceda votos a otros grupos para hacer masa por que es echar piedras sobre su propio tejado.

"Libres nos hacemos a mano cada cual. La democracia es una herramienta para la convivencia solidaria en libertad (muy mejorable con las mejores aportaciones libertarias: como la autogestión confederal"

Mikel 'Tar Orrantia

Quo vadis psoe?

El señor Sánchez cada vez me sorprende más, ha orientado su campaña política para las segundas elecciones al Parlamento español del **26J** 2016 atacando a la "Coalición" de Pablo Iglesias PODEMOS y a su socio Alberto Garzón de IU y junto a estos irán los de Equo –Unidos Podemos- Si ya en su intento de investidura anterior –donde hizo el ridículo más espantoso y convirtieron todo el proceso en un gran circo mediático propio de un país de República Bananera, un auténtico sainete típico español que supera a la película de la Escopeta Nacional- metió la pata hasta el fondo al nombrar socio a C´s ahora vuelve a hacerlo con Podemos.

Esta claro que el PSOE ha perdido su identidad socialista (Esto ya viene desde Felipe González con una deriva lenta al principio y acelerada ahora con síntomas enfermizos de un cáncer que les carcome poco a poco en el abandono de sus orígenes ideológicos que le harán desaparecer como al

Partido Socialista Italiano) El Sr. Sánchez no sabe cual es su rival político o no tiene un programa propio de partido y disimula montando el circo por las plazas de los pueblos vendiendo humo y vociferando consignas contra su vecino contrincante de la izquierda y por lo visto debe de padecer de una tortícolis galopante en la que solo se tuerce su cuello hacia su lado izquierdo –debe de ser un tic o las ganas de pertenecer de nuevo a la izquierda algún día- donde se encuentra el resto de las coaliciones que intentan un cambio verdadero y radical para el país.

Su rival político esta a la derecha con C´s y el Partido Popular pero parece que no se entera o no quiere enterarse por que en un caso como afirmaron "Si quedamos los terceros como fuerza política nos abstendremos y dejaremos que gobiernen PP y C´s" -posiblemente se guarde en la manga un As para entenderse mas tarde con ellos y llegar a algún tipo de pactos- ¿Estarían dispuestos a semejante traición a sus bases socialistas –que aun quedan algunos verdaderos- a los/as de la clase obrera, a los parados/as, a los/as que los bancos han embargado sus viviendas, a esa parte del pueblo que paga los impuestos cristianamente y que malvive por los recortes salvajes ....de Rajoy, a los/as pensionistas, a tod@s los/as jóvenes, a los/as pobres y excluidos sociales?

¿Dejarían que el PP y C´s apliquen nuevos recortes sociales; sanitarios, educación, pensiones como ha anunciado Rajoy en una carta enviada a los mandamases de Bruselas? Para colmo se hacen llamar moderados éstos radicales neoliberales

Si la respuesta es afirmativa ¡Váyase señor Sánchez es usted un inútil y un estorbo para que realmente este país tenga un cambio de verdad! ¡¡Váyase a lucirse al Corte Ingles que tiene usted cara de vendedor ¡! ¡¡Vendería usted a su madre por lograr investirle como presidente! Esta claro también que tampoco el PSOE tiene muchas mas alternativas y llevan una deriva a su auto-extinción. Como el PSI italiano o el PASOC griego. Veremos aun mas sorpresas. **¿Quo Vadis PSOE?**

Los siete mandamiento esenciales para votar a un partido en estas elecciones de junio del 2016

Ninguno en sus programas contiene soluciones claras de ningún tipo relacionado con éstas preguntas que planteo más abajo. Podemos-Izquierda-unida es un galimatías de intenciones donde no hay ninguna respuesta clara a lo que se plantean en este cuestionario, de un discurso más radical de izquierda –Antisistema- han pasado a un discurso Socialdemócrata al estilo de Suecia o eso pretenden, pero con un "programa" de partido totalmente difuso y un discurso cambiante que parece que juegan a la improvisación al que los votantes quedan totalmente sorprendidos y desarbolados cada día. Por otra parte el PSOE tampoco tiene un programa claro y su discurso es echar abajo a los que están a su izquierda (Unidos-podemos y sus satélites de Mareas, Equo) De Ciudadanos y el PP sabemos cuales van a ser sus respuestas defienden los mismos intereses de la banca y el capitalismo neoliberal; Mas recortes, más precariedad laboral, menos derechos civiles y más recortes sociales. El Neoliberalismo capitalista más salvaje y escorpión al servicio de los grandes Trust financieros pertenecientes a las Trilaterales que dominan la economía del Mundo.

Y en lo que corresponde a nuestros partidos de Euskadi la confusión es la tónica general. No sabemos que va a hacer la Izda Abertzale representados por EHBildu que no aúnan un anclaje ni se enraízan en las nuevas generaciones de jóvenes por que éstos los ven alejados de sus postulados políticos en el Congreso ni cuál es su programa político —Apenas conocemos a los/as Candidatos/as- y seguramente habrá abertzales que votarán a Podemos para hacer masa electoral y arrinconar al PP. El PNV solamente se limita a decir que no ira con los que no han podido o sido capaces de formar un gobierno en España. Aunque a la hora de la verdad se arrimarán al sol que más calienta como hace siempre con su doble juego.

Los siete mandamientos para saber a quien votar son los siguientes;

Primero ¿que políticas van a desarrollar para pagar la deuda española y donde van a hacer los recortes?

Segundo ¿Que van a hacer con las dos reformas laborales hechas por el PSOE y el PP?

Reforma laboral en España en 2010, realizada por el PSOE.

Reforma laboral en España en 2012, realizada por el PP.

Tercera ¿Que van a hacer con la Ley de Seguridad Ciudadana-Ley Mordaza y el artículo 104 de esa Ley?

Cuarta ¿Cómo piensan resolver el problema del paro y qué políticas de Empleo van a desarrollar para acabar con el mismo y también que políticas de cobertura van a hacer para los desempleados y desempleadas, Subsidios de desempleo y otros parecidos y, el Salario Social, Autónomos etc.?

Quinta ¿Que políticas van a desarrollar con las reivindicaciones de las comunidades vasca y catalana?

Sexta ¿Que política van a desarrollar contra la corrupción y si van a encerrar a los corruptos que campan a sus anchas y encima son "Liberados" por prescripciones de Sumarios? ¿Les van a hacer devolver el dinero robado?

Séptima ¿Abolirán el artículo 135 de la Constitución que dice: el pago de la deuda pública fuese lo primero a pagar frente a cualquier otro gasto del Estado en los presupuestos generales, sin enmienda o modificación posible?

Para terminar diré que si se produce el Sorpaso(1) –tengo mis dudas al respecto- y el PSOE se convierte en la tercera fuerza política y si no es capaz el Sr. Sánchez de formar una coalición con el resto de los partidos de Izquierda. que van a estar representados en el Parlamento, esta abocado a cometer el mayor error de su vida y caminando a pasos agigantados a pasar por la puerta de la historia como el hombre que hizo desaparecer el Partido Socialista Obrero Español-PSOE. Al igual que el PASOC en Grecia y el PSI de Italia.

(1) Sorpaso, dícese de la sorpresa a la que se le viene añadido un zarpazo. En los sondeos de última hora algunos medios de información divulgan que UNIDOSPODEMOS podría acercarse en Votos al PP con una diferencia entre 3 y 4 puntos. Con votos de apoyo de otros partidos de izquierda el Sr. Iglesias podría ser el nuevo presidente de España. El PSOE se encontraría en una disyuntiva muy seria, tendría que elegir si acepta que el Sr. Iglesias sea elegido presidente de la nación o en su caso conformaría algún tipo de alianza con el Sr. Rajoy para evitar este nombramiento ¿Seria por razón de estado éste pacto PP y PSOE? ¿Se atrevería el PSOE a dar semejante paso y jugarse la cabeza del Sr. Sánchez? ¿Se atrevería el PSOE a suicidarse políticamente para siempre? Este Domingo 26 de Junio y los días posteriores nos darán las respuestas.

Confluencias y alianzas para las elecciones del 26 de junio 2016

¿Cuál va a ser la posición de la IA (Izquierda Abertzale) respecto a las elecciones de Junio a las Cortes Españolas? ¿Alianza con Podemos y los partidos de Izquierda para desalojar al PP y PSOE del poder o va a ir por libre albedrío a reivindicar sólo la independencia? En mi opinión hay muchas cosas que la IA puede hacer en conjunto con las izquierdas españolas; Regenerar la Democracia devolviendo al pueblo la soberanía y la libertad derogando las Leyes hechas por el PSOE y el PP como la Ley Antiterrorista especial sobre Euskal Herria (Ley Corcuera) , La Ley Mordaza, Devolver la Sanidad desprivatizándolo al pueblo por que ello también repercute sobre Osakidetza, Leyes de Educación, Derogación de Impuestos del IVA como el de Cultura, Leyes carcelarias para los Presos Políticos y Comunes, La liberación de los Presos Vascos, La Ley del Aborto, Reformas Laborales, etc. Hay mucho quehacer en Madrid para resarcir las políticas hechas por decreto del PP y sus leyes antidemocráticas en las que PODEMOS, Mareas, IU, Equo y otros partidos de izquierda junto con la IA pueden resolver para regenerar de nuevo esta podrida democracia.

Aunque el objetivo de la IA a largo y Corto plazo es la Independencia también una acción conjunta con otras izquierdas es una manera de ir creando camino hacia el derecho del reconocimiento de la Autodeterminación.

Hace falta un Gobierno progresista de izquierdas de lo contrario no podrá ser posible resolver el conflicto vasco si gobierna el PSOE, PP y C´s La pacificación con ese gobierno sería imposible y seguiríamos con el conflicto otros cuatro años más, seguiríamos con los recortes contra la clase obrera y las privatizaciones, Seguiríamos con la corrupción, seguiríamos aguantando políticas represivas surrealistas provocados por el Gobierno Español en su cerrazón a resolver la pacificación y el fin del conflicto armado, seguiríamos con mas de lo mismo. No se puede seguir soportando eso.

Como dijo Otegi en el Parlamento Europeo; La cuestión Vasca también es una cuestión de Europa y esto aplicado al parlamento español sería casi lo mismo pero con la diferencia de que si trabajamos una estrategia política de alianzas tácticas entre la izquierda española y la Vasca, Gallega y Catalana seria mas fácil para allanar el camino hacia las metas de la libre decisión y determinación de todos

Los pueblos al derecho a elegir. El Paradigma político Europeo ha cambiado, las grandes decisiones sobre las políticas económicas y sociales ya no se dictan desde los Países "Soberanos" que forman el parlamento europeo. Estos sólo se limitan a aplicar esas políticas y directrices impuestas desde ese parlamento y en el caso español se extralimitan con leyes represivas que no garantizan el bienestar del pueblo por que en río revuelto hay ganancia de pescadores y lo vemos constantemente en las noticias sobre los escándalos de corrupción que cada vez se extiende mas y mas como una mancha de petróleo en el mar, ante la perplejidad e indignación popular. Ese pueblo que cada vez vive mas miserablemente y al que siempre recae salvar y hacer sacrificios para el País.

Ese pueblo que paga sus impuestos obligatoriamente y que los que les dicen que tienen que hacer el sacrificio malversa y roban, estafan y se corrompen con el dinero del pueblo. Este no es un pueblo que hace un sacrificio por que nadie les pregunta si quieren hacerlo, éste es un pueblo sacrificado y despellejado en vivo. Qué clase de gobierno es éste que cambia la constitución modificándolo para pagar antes la deuda externa

¿Que clase de gobierno mira por el capital antes de mirar por el bienestar popular? Por ésta misma razón el cambio social no lo determina el estado español sino que este es un instrumento del Capital Financiero que ordena y opera a través de la banca el FMI y otras entidades que dirigen las economías mundiales que utilizan el Parlamento Europeo como correa de transmisión de esas políticas económicas y de ahí al resto de los parlamento de las "Naciones de Europa" Las políticas sobre Derechos Humanos también se deciden en ese parlamento, también el Derecho de Autodeterminación de los Pueblos y desde el parlamento español podría reconocerse el derecho a decidir de Euskalherria si hubiera un gobierno de izquierdas (De ahí la resolución se pasaría al Parlamento Europeo) Si la IA contribuyese a la formación de ese gobierno y a aplicar nuevas leyes mas progresistas, justas y equitativas para el pueblo desde las económicas, sociales y políticas. Es hora de hacer la Gran Política, De jugar al MUS apostando a la grande. Por otro lado ¿PODEMOS e IU estarían dispuestos a esta confluencia con el apoyo de la IA para configurar un gobierno de izquierdas progresista? ¿Sería capaz el líder de PODEMOS de abandonar su afán de protagonismo y soberbia (Vulgarmente ir de sobrado con la convicción de que va a ser el próximo presidente del país) personal para hacer una gran alianza de coalición incluso con el PSOE? Esa es otra incógnita.

...la percepción de la autonomía de lo 'político' en las sociedades occidentales es una de las dimensiones ideológicas clave de la modernidad occidental: no algo que debamos tomar como un hecho objetivo, sino un modo de representar las relaciones de poder que oscurece sus fundamentos sociales y su manera de funcionar en la práctica...

John Gledhill

Jornada de Reflexión

Me ha venido a la cabeza que el día 25 de Junio 2016 es el día de la jornada de reflexión de las elecciones generales para votar a nuestros/as representantes en las Cortes de Madrid –Lo de nuestros lo digo por los de Euskalherria que nos representaran en ese parlamento español- Casualmente en un día 25 de Junio de 1937 fue asesinado por las tropas franquistas nuestro poeta Estepan Urkiaga Basaraz, "Lauaxeta".

Lauaxeta era periodista y también poeta, nació en Laukiniz-Bizkaia pero su vida la desarrollo en Mungia. Durante la Guerra Civil –era afiliado del PNV- se ocupo del aparato de propaganda y después trabajaba en la Intendencia de Bilbao. Estudio con los Jesuitas e incluso hizo el noviciado para hacerse cura, pero lo abandono y termino estudiando periodismo y comenzó a escribir sus poemas. El primer libro que publico se titulaba Bide barrijak (Nuevos caminos), y el segundo, Arrats beran (Al caer de la tarde), También escribió algunas obras de teatro

Asarre aldija (El enfado) y Epalya (El veredicto) Tradujo al euskera bastantes obras de Federico García Lorca. En Abril de 1937 fue a acompañar a modo de traductor a unos periodistas franceses para mostrarles lo que los franquistas habían hecho en Gernika y fue capturado por una patrulla de soldados nacionales fascistas. Poco después fue llevado a Gazteiz-Vitoria para ser juzgado y fue asesinado (Fusilado) en el cementerio de Santa Isabel de esa misma ciudad. El Gobierno Vasco intento salvarle la vida a través de un canje con otro prisionero importante franquista pero fue en vano.

Lauaxeta trabajo en el periódico EUZKADI y se ocupaba de la sección de euskera donde escribía los acontecimientos diarios de la época. Conoció al poeta Orixe (Euskaldunak) Colaboro e impulso la poesía con los poetas jóvenes de la época y también enseñaba euskera. Era bastante moderno en cuanto a Literatura y poesía de su momento, estaba muy informado de las tendencias europeas de entonces, ello le trajo muchas veces desde sectores tradicionales y puristas literarios vascos. Lauaxeta fue uno de los impulsores de la literatura moderna vasca. Y toda esta reflexión me viene a la hora de decidir mi voto –llevo muchos años sin votar por principios anarquistas, pero esta vez lo hare por que estoy harto de que los fascistas hijos y herederos de aquellos fascistas de 1936 que asesinaron a Lauaxeta sigan mas tiempo en el poder- Por lo tanto votare a aquellos que defiendan nuestra cultura, nuestra lengua y trabajen por la justicia social, el problema es que no tengo muchas opciones ya que los que son de la izquierda vasca abertzale no me convencen del todo -lo de sozialista no lo veo yo mucho en la practica aunque observo que ya el tema de defensa de los derechos sociales lo están trabajando más y parece ser que van enraizando mas de nuevo con los sencillos ciudadanos de a pié -aunque hay bastantes lazos en común y sentimientos históricos así como metas con las que yo estoy de acuerdo: Entre ellos el Fin del Conflicto Vasco y su resolución, la excarcelación de los presos y la celebración de un referéndum para la Independencia de Euskalherria, el reconocimiento de las otras víctimas del conflicto vasco y no sólo los de un bando solo, pero menos votare a los que van de izquierdas y defienden un marco político español por muy progresistas que lo parezcan.

Os dejo reflexionar sobre la jornada de reflexión como yo reflexionare en el día del asesinato de Lauaxeta.

El Cardenal Cañizares y la Iglesia Católica

"Con la Iglesia hemos topado Don Sancho"

«… por saber que las armas de los togados y clérigos son las mismas que las de la mujer, que son la lengua, entraré con la mía en igual batalla» **(Quijote II, Cap. 32).**

Todos/as conocemos la ideología de la que comulga este cardenal, al igual que muchos de la jerarquía eclesiástica española, son de la ultraderecha mas rancia y fascista que se pueda conocer. Son de esa iglesia que encumbra a un dictador asesino como Franco al que llevaban bajo palio y al que consideran un santo por haber combatido contra el comunismo en España. Durante el Franquismo la iglesia jugo un papel muy importante primero como agitador social en sus iglesias para convencer a sus feligreses/as para que apoyasen la causa del Nacional

Catolicismo y se enrolasen en las filas militares tomando las armas para combatir al enemigo Marxista-rojo-separatista, un año después del alzamiento colaboro en la posterior represión con el silencio apoyando los asesinatos cometidos por los franquistas y justificando las muertes en una carta redactada por el cardenal Isidro Goma el día 1 de Julio de 1937 aunque la carta no se dio a conocer hasta Agosto de ese año cuando se hizo pública y donde la iglesia se posicionaba al lado del franquismo y consideraban que en España se estaba haciendo una cruzada en defensa de la religión —en esta represión asesinaron a 17 sacerdotes vascos- y al acabar la guerra la iglesia fue la represora de mentes y de alienación, nos retrotrajeron de nuevo a la edad media, a la incultura, la ignorancia, a la represión sexual, a la perdida de derechos de las mujeres convirtiéndolas en esclavas del hombre. Controlando la moral controlaban nuestras vidas y después ya estaba el aparato del estado para controlar la "sedición" la insurgencia y a la oposición con castigos diversos y penas de muerte.

Esta serie de personajes me recuerdan a muchos curas que conocí en mi juventud y que fueron partícipes y actores directos de mi conversión al ateísmo.

Esos seres siniestros que abundaban en las parroquias y colegios, y en la que bastantes han sido unos pederastas sin escrúpulos abusando de su condición privilegiada de sacerdote. Conocemos los escándalos recientes sobre esta cuestión. Pocos curas he conocido a los que se les pueda considerar como verdaderos hombres que practican verdaderamente el cristianismo (Que los hay) de una manera real y de convencimiento y que se entregan al servicio de los pobres y necesitados del mundo y a las causas justas poniendo en riesgo su propia vida y algunos pagaron caro por ello. Como muchos curas que fueron fusilados durante la guerra española.

Y más recientemente curas asesinados en Guatemala por defender los derechos de los pobres; William Woods, Eufemio Hermógenes, López Coarchita, Conrado de la Cruz Concepción, Voordeckers, Walter, Juan

Alonso Fernández Augusto, Rafael Ramírez Monasterio y otros muchos mas.

En la mañana del 16 de Noviembre de 1989, El Salvador y el mundo despertaron con las noticias que seis Jesuitas, su ama de llaves y la hija de ésta habían sido brutalmente asesinados. El ejercito salvadoreño llevo a cabo el crimen como parte de su desencaminada defensa contra una ofensiva lanzada por el Frente Farabundo Martí para la Liberación Nacional (FMLN) al que quisieron culpar de estos crímenes y desprestigiar de esa manera a la guerrilla.. Y se pueden ir contabilizando más muertes y asesinatos de curas que dieron la cara por los pobres.

La organización Caritas una de las mas serias del mundo ayudando a los pobres.

También hay organizaciones como Caritas que trabajan seriamente y solidariamente para ayudar a los que les necesitan, en su mayoría gente que esta a punto de entrar en el umbral de la marginación social, la pobreza y la exclusión social. Caritas se sostiene a través de la solidaridad de las personas y entidades privadas 60,98% y fondos públicos 38% - Bancos y cajas de ahorros, estado, Europa y casualmente de la Iglesia un 2,8% aprox. Y para colmo la iglesia tiene la desfachatez de amenazar con retirar sus fondos si se les hace pagar el I.B.I. de sus posesiones. En realidad Caritas saldría ganando por que el estado podría aportar más de lo que aporta con los fondos del IBI eclesiástico.

Caritas es la organización social que más respeto yo de la Iglesia, hay organizaciones y fundaciones que se hacen llamar sociales que en realidad buscan mas su beneficio personal que su aportación social, lo cual no excluye que haya O.N.Gs que son serias, honradas y respetables.

Siempre fui benevolente con las personas que creen en una religión, por que eso es parte de la libertad de cada uno pero no con sus instituciones, sus doctrinas y dogmas que quieren imponer a toda la sociedad. Que se inmiscuyen en la vida de otras personas que no creen lo mismo que ellos e intervienen en política para presionar socialmente al gobierno cuando tocan temas que entran dentro de su fe..

Las religiones deben de estar fuera de la política del estado por que España es un país aconfesional. Cada cual debe de estar en su sitio que le corresponde. Tampoco el estado debe de financiar a la Iglesia, esta se tiene que mantener con la aportación de sus fieles y además cotizar por sus bienes, los demás no tenemos que sostener a las diversas religiones que existen en el estado por mucho Concordato que se haya acordado; Principalmente hay dos capítulos que se deberían de revisar del último Concordato.

Primero; Los acuerdos económicos con la Santa Sede, deberían de suspenderse todo tipo de financiación del estado a la Iglesia y obligar a esta a pagar el I.B.I de todas sus posesiones. Este dinero iría a las manos de organizaciones sociales que trabajan para resolver los problemas derivados de la pobreza en el país y otros lugares del mundo, Asistencia sanitaria, para planes de desarrollo y formación a países del tercer mundo y otros fines sociales.

Sería más acorde esta solidaridad y realmente más "cristiano" ya que tanto predican.

"La iglesia Católica tiene innumerables inmuebles y riquezas en su haber, mucho de ello robado al pueblo desde la edad media otros bienes donados de manera no muy cristiana. Actualmente se esta adjudicando en su lista bienes e inmuebles –Bienes Inmatriculados- que les fueron cedidos por los pueblos como si fueran suyos"

Segundo: Los acuerdos sobre educación donde en la escuela pública existe la opción de estudiar Religión o Ética. En las escuelas públicas no debe de enseñarse ninguna materia religiosa (También los musulmanes, judíos y otras religiones exigirían enseñar su religión en las escuela). Las escuelas públicas son Laicas, si los padres quieren que sus hijos estudien religión que los lleven a las Iglesias, Mezquitas, Sinagogas, Centros religiosos de cualquier índole y que les enseñen allí. Que paguen una cuota a cada Iglesia por ello y así ya tiene la iglesia o cualquier otro estamento religioso una manera de autofinanciarse.

En las escuelas privadas y eclesiásticas pueden enseñar lo que les venga en gana de religión, ética o lo que sea pero a su propia costa y la de los padres católicos que quieran ingresar a sus hijos en esos centros de enseñanza y tampoco éstas deberían de estar financiadas por el estado. El que quiera montarse un negocio de enseñanza privado que se arriesgue a ganar o a perder, como el resto de cualquier otra empresa ¿Las escuelas o centros privados no son empresas? Otra cosa son los centros concertados.

Tercero; sobre los asuntos militares; El ejercito pertenece al estado y la iglesia no tiene por que tener acuerdos con los militares. El militar que sea cristiano, musulmán, testigo de Jehová, judío o cualquier otra religión que se vaya a su iglesia a rezar. De todas formas el ejército debería de desaparecer así como todo tipo de cuerpos policiales en el mundo.

En la actualidad, el régimen concordatario en España está compuesto por un Acuerdo entre el Estado y la Santa Sede de 1976 y por cuatro acuerdos, de 1979:

Acuerdos del concordato;

- Acuerdo entre el Estado español y la Santa Sede sobre nombramientos de arzobispos, obispos y vicario general castrense y fuero judicial de 28 de julio de 1976.

- Acuerdo entre el Estado español y la Santa Sede sobre Asuntos Jurídicos de 3 de enero de 1979.

- Acuerdo entre el Estado español y la Santa Sede sobre Enseñanza y Asuntos Culturales de 3 de enero de 1979.

- Acuerdo entre el Estado español y la Santa Sede sobre Asuntos Económicos de 3 de enero de 1979.

- Acuerdo entre el Estado español y la Santa Sede sobre la asistencia religiosa a las Fuerzas Armadas y el servicio militar de los clérigos y religiosos, de 3 de enero de 1979. Acuerdo entre el Estado español y la Santa Sede sobre asuntos de interés común en Tierra Santa, de 21 de diciembre de 1994

En realidad todo Concordato debería de desparecer por que el Estado Vaticano no debería de existir. No tiene sentido que exista un estado religioso ¿Alguien conoce algo semejante en otras religiones? Es un anacronismo Es una verdadera aberración en pleno siglo XXI. Estoy de acuerdo en que los Cristianos tengan una sede central con sus dirigentes religiosos (Sería mejor que desapareciesen las religiones) y que esta podría ser perfectamente una oficina; Un edificio de asuntos cristianos con su dirección y secretarios/as, presidente, papa o obispo como se quieran titular al igual que tienen algunas Iglesias. Pero un estado no.

El estado Vaticano da la imagen de un estado Imperialista religioso (Que nació para eso para ser la iglesia apostólica y católica del griego Katholikos, que luego se latinizó en Catholicus. romana) la palabra Católico significa Universal.

Es decir que su fin era ser la única religión del mundo en todas partes, hoy en día eso se llama Imperialismo. Y lo intentaron, se extendieron por el mundo desde Europa a Asia, África, Sudamérica, etc. Y durante la edad media impusieron la religión a sangre y fuego.

.

"Vayan y hagan discípulos en todas las naciones...enséñenles a cumplir todo lo que les he ordenado; además yo estaré con ustedes todos los días, hasta el fin del mundo." Palabras de San Mateo.

¿Realmente Jesucristo le dijo a San Pedro que sobre esta piedra construirás mi Iglesia?

Sabiendo que los evangelios se escribieron mucho mas tarde después de la muerte de Jesucristo me hace dudar, me da que Mateo se inventaba las cosas como muchas otras cosas de los evangelios y de la Biblia misma, el mejor libro de cuentos y cienciaficción de los judíos sobre su historia. .El Evangelio de San Juan se escribió 95 años después de la muerte de Cristo (si es que existió) y él mismo se hace llamar el mas amado de Cristo, según dicen eran recopilaciones de la tradición oral ¿En 95 años cuanta fantasía y leyenda se puede inventar después de un suceso? ¡Si es que ocurrió!

¿Cuantos años vivió este señor si en esa época lo máximo de vida eran 45/50 años? Hay cosas que no me cuadran con las edades de los "Apóstoles" Los pueblos orientales son muy dados a escribir cuentos fantasiosos sobre sus personajes de leyenda, no hay mas que leer a autores de novelas árabes, persas y otros. El de San Marcos es el evangelio más antiguo 64 años después de Cristo aproximadamente, El de Lucas que era el mas cerebral por que no era judío y era médico unos 80 años después de cristo. También la existencia de Jesucristo esta bastante cuestionada, en los libros históricos de Roma ni siquiera aparece, ningún historiador romano lo nombra, aparece un personaje en los manuscritos del Mar Muerto, que son documentos reales que hablan de un maestro espiritual y todos creen que habla de Jesucristo.

"Tienen la particularidad de mencionar entre sus tantas líneas a un personaje llamado "maestro de justicia", que para los cristianos, es una referencia a Jesús de Nazaret.

Sin embargo, la mención aparece en una única oportunidad y en ningún momento se habla explícitamente de Jesús como tal y no se hace alusión alguna al mismo ni en forma codificada ni simbólica.

Los expertos aseguran que el personaje del que se habla en los manuscritos vivió en realidad en el siglo II a.C. y que pese a las tantas asimilaciones que se han intentado desarrollar entre Jesús y este personaje, la relación no tiene sentido realmente. Aún así, muchas personas creen que aquí se habla de Jesucristo" Es mejor ignorar la evidencia, es mejor creer la superchería, es el miedo a la libertad de ser uno mismo/a y creer en la capacidad de ser una persona que actúa, piensa, obra y discierne sin tener que recurrir a ningún dios.. Es mejor creer en lo irracional que creer en lo racional y científico demostrado.

Entonces, ¿existen evidencias científicas de que Jesús de Nazaret existió? *"La respuesta es que no, mucho menos de sus hazañas, rotundamente irracionales, carentes de fundamento e ilógicas".* **Fernando Pino** - BATANGA (Revista en web)

Veamos también lo que dice Santiago Benvenuto; Quizás la más obvia de las razones, minimizada durante siglos por los cristianos, pero lo suficientemente importante como para tenerla en cuenta. Este argumento señala que no existe ninguna evidencia de la vida de Jesús de Nazaret en textos de su época. Esto significa que ningún documento de la época, de fuente no-cristiana, hace mención a Jesús de Nazaret, tampoco se hacen alusiones a su figura en rumores. Vale aclarar que pese a los milenios que nos separan de esa época, contamos con gran documentación histórica de la época, hecha por oficiales de gobierno, historiadores y poetas. Ninguna mención de Jesús. Lo más aproximado a la "existencia" real de Jesús es la de Flavio Josefo;

El historiador judío romanizado (37 a 110 d.C.) recoge en el texto conocido como «Testimonium flavianum» de su libro «Antigüedades judías (91-94)» una referencia a Jesús que si bien se cree que fue retocada con las frases abajo entre paréntesis, se considera auténtico: *«En aquel tiempo apareció Jesús, un hombre sabio, (si es lícito llamarlo hombre); porque fue autor de hechos asombrosos, maestro de gente que recibe con gusto la verdad. Y atrajo a muchos judíos y a muchos de origen griego. (Él era el Mesías) Y cuando Pilatos, a causa de una acusación hecha por los principales de entre nosotros lo condenó a la cruz, los que antes le habían amado, no dejaron de hacerlo. (Porque él se les apareció al tercer día de nuevo vivo: los profetas habían anunciado éste y mil otros hechos maravillosos acerca de él) Y hasta este mismo día la tribu de los cristianos, llamados así a causa de él, no ha desaparecido»* Texto de John P. Meier historiador norteamericano.

Esta claro que Flavio Josefo leyó de los evangelios y lo dio como un hecho real. También aparece en unos anales del Historiador Tácito y de Plinio el joven que habla sobre Jesús, pero tengamos en cuenta que estos son unos 150 años posteriores a Jesucristo y para entonces el Cristianismo se estaba extendiendo por el Imperio romano y casi todas las fuentes que mencionan los hechos provenían de leyendas que contaba el Vulgo, y de los sermones de los mismos cristianos que hablaban de un ser especial muerto en una cruz y que al tercer día resucito para dar el mensaje a sus apóstoles.

En el II Concilio a Jesús se le atribuyeron calificaciones de Mago, poderoso curandero cuasimágico y celestial ¿Era extraterrestre? y a la Magdalena la destituyeron de rango convirtiéndola en una prostituta, cuando posiblemente la Magdalena sería la esposa de ese Jesús según algunas fuentes. Todas las menciones históricas en la que se mencionan a Jesús son muchos años mas tarde escritas. La mayoría proviene de una leyenda que luego aumento y se exagero. Que no se menciona en ningún documento histórico romano y sea demostrable su existencia. .

Cual era la finalidad de la invención del personaje y de la Religión Cristiana?

Suponemos que ésta religión surgiría a través de algún grupúsculo o secta mistérica de las muchas que existieron en esas épocas en Israel y los países limítrofes. No se sabe exactamente de donde parten las primeras comunidades cristianas. Los evangelios hablan de una revelación que tuvieron los apóstoles en la que *"estando reunidos por gracia del Espíritu Santo aprendieron a hablar todos los idiomas del mundo"* y que Jesús les dijo que se expandieran para predicar por todo el mundo. Esto como se supone, un ser racional no puede tomarlo en serio ni como verdad. El cristianismo esta lleno de simbolismos y arquetipos "Masónicos" y de ciencia oculta muy relacionados con la Astrología y la Alquimia que busca la transmutación del hombre vulgar al ser espiritual, y la metafísica es uno de los métodos filosóficos que se utilizaba en la antigüedad al igual que la Hermenéutica (Filosofía sincrética asociado al dios egipcio **Dyehuty** Thot en griego asociado al dios Hermes, por un sabio llamado Hermes Trimegistro, padre de la alquimia) que decía "Todo lo que hay abajo existe arriba".. Hubo muchas religiones mistéricas de muchos tipos también Mitraicas, (culto de Mitra) Muy extendida en esa época sobre todo entre los soldados romanos.

Hasta el mismo nacimiento de cristo en una cabaña (Lugar de iniciación esotérica) con una vaca y un asno es un arquetipo de la "Ciencia" llamada oculta o ser hijo de un carpintero (Típico arquetipo de la masonería). El mismo nombre de Jesús –Yehoshua en Hebreo- significa: "Yahweh es el salvador". Es solo una consigna de una religión monoteísta al igual que Alá al bakar muslim.

Los Reyes Magos (1) –que no fueron reyes- que al principio fueron doce como las constelaciones –según los Arménios a los que se le consideran como los cristianos mas antiguos del mundo- luego siete –Siete número usado en muchas menciones de la Biblia y que se usa en la Cábala así como el tres- El oro, incienso y la mirra son otros arquetipos relacionados con las ciencias ocultas.

Según algunos también entran factores de las religiones Zoroástricas como que los apóstoles sean doce como los doce planetas del Zodiaco y que estos a su vez eran pescadores todos, se supone según las ciencias ocultas que la Era del tiempo de Jesús estaba bajo el influjo de Piscis y que ahora caminamos hacia la era de Acuario.

Posiblemente el agua juegue un papel importante en los próximos milenios. Posiblemente esta secta o grupo que habla de Cristo y hace surgir el cristianismo sería algún grupo que practicase algún tipo de vida comunal llevados por alguna filosofía mística trascendental –como todas las religiones- de las muchas que había entonces y posiblemente fuesen de origen Arameo.

Puede que alguno de la secta después con el tiempo lo expandiese públicamente y la historia del "misterio" de Cristo se hiciera leyenda. . Posiblemente sus orígenes serían de sectas secretas como el Mitraísmo que tiene muchas similitudes con el Cristianismo sobre todo rituales y el sacrificio del Toro para la salvación de los hombres y en la que la figura del toro (Fuerza transformadora de la naturaleza) se transforma en hombre-Dios al aceptar el poder y la influencia de las religiones patriarcalistas judías del monoteísmo frente a los dioses romanos. Al principio las comunidades cristianas eran grupos cerrados sólo para iniciados y no podían entrar mujeres. En Egipto tenemos la reencarnación de Osiris muchos siglos a C. Con algunas similitudes. Todas estas religiones están basadas en religiones de cultos solares de origen mesopotámico.

Por qué se expandió por el Imperio Romano es fácil suponerlo, traía consigo la liberación de los esclavos y una nueva forma de vida basada en comunidad. Esto era atrayente para todos los pobres, perseguidos y marginados del mundo romano y del judío. De hecho el "enemigo" de Cristo era el Templo y sus rabinos y Jesús el enemigo de ellos por que "traía la destrucción de la religión Judía" era un hereje blasfemo de la fe de la sinagoga y un peligro público.

El cristianismo era un peligro para el Imperio Romano como siglos más tarde el Socialismo para el mundo capitalista. Jesucristo realmente era un peligro para los intereses económicos y políticos de Kaifas el jefe del Sanedrín judío y de sus amíguetes que chupaban del bote. Cuestionaba su poder y autoridad. Kaifas necesitaba seguir manteniendo sus privilegios, y es lógico pensar en que matar al oponente es el mejor remedio. Pero él no podía hacerlo, tenía que hacerlo el romano. Inteligentemente le encomendó todo el "Marrón" a Pilatos. Este sabía que aquel hombre era inocente, si no lo ejecutaba políticamente podía tener un conflicto con Kaifas, se lavo las manos y dejo que el vulgo eligiese entre Bar-Habas (Guerrillero Celote que combatió a los romanos) y Jesús el supuesto profeta "Traidor" que no quiso encabezar una insurrección contra los romanos durante su acción en el templo que era lo que esperaban los judíos que creían que era el Mesías esperado para la liberación, el caudillo que iba a dirigirles en la guerra. Era fácil la opción, eligieron a Bar-Habas (Al que los textos de la biblia llama bandido)

Pablo de Tarso

Pablo de Tarso o Saulo como nombre judío fue un personaje muy marcado en la religión cristiana y su mayor expandedor en el Imperio Romano. Pero muy criticado también por ser un pervertidor del cristianismo; Pablo es el mayor problema del cristianismo. Muchos eruditos consideran a Pablo como el más corrupto del cristianismo apostólico. Muchas de las primeras sectas cristianas sostenían este punto de vista también, incluidos los cristianos del segundo siglo conocidos como los "adopcionistas", que particularmente, consideran a Pablo uno de los "autores" más prominentes de nuestro Nuevo Testamento, como un archi-hereje más que un verdadero apóstol de Jesucristo y de la verdad de su palabra.

Por ejemplo: Jesús enseñó la Ley del Antiguo Testamento; Pablo la negó. Jesús predicó el credo judío ortodoxo; Pablo predicó los misterios de la fe. Jesús habló de responsabilidad; Pablo propuso la salvación sólo a través de la fe. Jesús se describió a sí mismo como un profeta étnico; Pablo lo definió como profeta universal. Jesús enseñó la plegaria a Dios, Pablo estableció a Jesús como intercesor, Jesús enseñó la unidad absoluta de Dios, los teólogos paulistas instituyeron la trinidad. La autenticidad de Pablo en cualquier capacidad es cuestionable considerando que existen cuatro versiones diferentes y contradictorias de tal "conversión"

http://www.islamyciencia.com

¿Cuántas versiones y retoques se habrán hecho de los libros de los Evangelios? ¿Cuántos de la misma Biblia? ¿Cuántas versiones e interpretaciones de los capítulos existen según las sectas y las distintas religiones del ámbito cristiano? ¿En las traducciones al griego y de este al latín cuantas palabras tienen realmente el significado de lo que esta escrito en Arameo o Judío? Yo he observado en tres casos; la versión de la Biblia de los Testigos de Jehová es distinta a la católica y la de los Mormones también aunque varían y hablan de lo mismo.

Orígenes del Estado Vaticano

El Vaticano tal como hoy en realidad es un estado reciente El dato mas antiguo que se conoce es el año 751 d. C. cuando en Italia existieron varios estados pontificios cuya sede era Roma. Víctor Manuel II en 1870 conquista Roma y acaba así con los estados pontificios.

En 1929 se celebran los Pactos Lateranenses o Pactos de Letrán con el Papa, Italia reconoce la ciudad del Vaticano como estado y se llega a un concordato con la Santa

Sede. Desde entonces se rige todo el mundo Católico Romano desde este estado. Un absurdo dentro de Europa.

Después de la caída del Imperio Romano y en los finales de éste la cristiandad fue tomando cada vez mas fuerza, fue "conquistando" territorios e influencia Crecieron Muchos grupos en Grecia y Asia y muchas "sectas" ahora quedan los Cristianos Drusos, Maronitas, Coptos, hubo grupos que tuvieron controversias y discusiones ...dentro de la Iglesia de las que la mayoría fueron excomulgados, expulsados como el (Papa de Alejandría) por ir en contra de los intereses del Papa de Roma, de la ortodoxia y el dogma Paulista impuesto, Eran luchas de poder que surgieron tras la muerte del último apóstol Juan que durante las persecuciones romanas estuvo en Efesos refugiado. Es una constante entre todo tipo de movimientos ya sea filosóficos, Religiosos, Revolucionarios. En las organizaciones de Izquierda mundiales se dan los mismos casos.

Algunas comunidades cristianas se alejaron también de la influencia romana durante el cisma de Oriente y Occidente (Ortodoxos Griegos) Se celebro el primer concilio con

Constantino que se hizo cristiano al final de su vida justo según iba a fallecer. Hubo muchas interpretaciones e infiltraciones "Herejes" en el cristianismo; Maniqueísmo, Agnosticismo, Arrianismo…. Después de las cruzadas hubo mas cismas entre los caballeros del Temple y el Papa. Años mas tarde surgirían grupos cristianos calificados de "Sectas" herejes como los Cataros en Europa, luteranos seguidores de Martín Lutero en Alemania en la que los primeros fueron aniquilados y los segundos se escindieron de la Iglesia Católica, Con el tiempo Inglaterra se separaría de los católicos fundando la Iglesia Anglicana.

(La historia de la Iglesia es muy larga y esta llena de traiciones, sediciones, conspiraciones, muchos crímenes contra la humanidad) El papa Pío XII bendice los cañones nazis de Mussolini y calla ante las atrocidades cometidas contra los judíos, gitanos, homosexuales, transexuales, republicanos españoles en los campos de concentración nazis. Apoya también la "Santa cruzada de Franco" Y así seguimos hasta nuestros días con el actual Papa "Progresista"

Nuestro Papa "Francisco" Bergoglio jesuita de origen argentino nos ha salido progre, acepta la homosexualidad y a los homosexuales como hijos de Dios, Esta a favor de los pobres y critica al capitalismo por generar pobreza y miseria y a los gobiernos por su dureza con los emigrantes y los refugiados. Mientras tanto intenta ocultar los escándalos de sus cardenales y la existencias de cuentas financieras oscuras del Vaticano y la corrupción que existe, la vida lujosa de sus cardenales y otros escándalos más narrados en el libro "Merchants in the Temple"

"Conocido por su humildad, su adhesión a la opción preferencial por los pobres, principio que abarca a los marginados y sufrientes de distinta extracción y su compromiso de diálogo con personas de diferentes orígenes y credos" dice su currículo.

Supuestamente nuestro papa esta haciendo reformas en la Iglesia, reformas que a simple vista casi son imperceptibles. La mejor reforma que podría hacer es vender toda la riqueza de la Iglesia y emplearla para resolver el hambre y la pobreza en el mundo. Esto si que es una verdadera aportación a la humanidad ¿Cuántas cosas resolvería la riqueza material de la iglesia? ¿Cuántas obras sociales se podrían hacer en el mundo? Disolver el estado del Vaticano que esta lleno de corruptos cardenales y de cortesanos vividores y parásitos, Un estado Vaticano lleno de escándalos que el mismo papa ha denunciado Practicar el cristianismo que ellos propugnan bajando al terreno del pueblo y al mundo real. Y solo de esa manera será creíble su reforma **¡Escapemos de las Iglesias sean cuales sean!**

Pdta; Después de lo que aquí esta expuesto en cuanto el libro salga al publico seré crucificado por todos es@s fanátic@s de la Iglesia y excomulgado por la Santa Sede, lo cual me alegra por que no hay manera de que uno se borre de la Iglesia cuando te bautizan sin tu permiso (1) aprovechando que eres un recién nacido y no te puedes defender ni elegir la religión que a uno le de la gana. A veces son los mismos padres que no son conscientes de lo que están haciendo y que su ceguera alienada católica les impide analizar que están cometiendo un grave atropello a su vástago/a en cuanto a los derechos de los recién nacidos corresponde.

No hay mayor ataque a los derechos humanos que este. Otra cosa es que los que fuimos bautizados durante el franquismo fuimos por la fuerza y nuestros padres obligados a hacerlo, de lo contrario tenías serias dificultades para poder acceder a muchas cosas como la enseñanza o bien prestaciones del estado; becas, subvenciones por familia numerosa, acceso a la sanidad y otros. Eras fichado como rojo si no tenías a tus hijos/as bautizados.. Nadie debería de ser bautizado hasta que no tenga la mayoría de edad o raciocinio suficiente para poder elegir.

Lo malo es que hay muchos seres humanos que tampoco saben racionalizar nada y son pasto de todo tipo de sectas, equipos de futbol u otros, y son fáciles de alienar y drogar mentalmente. Lee un libro y a poder ser que te haga pensar, eso siempre será mejor que sólo leer la Biblia, el Talmud o el Corán.

(1) La palabra «mago», proviene del elamita ma-ku-ish-ti, que — pasando por el persa ma-gu-u-sha y por el acadio ma-gu-shu—llegó al griego como μαγός (magós, plural: μαγοι, magoi) y de ahí al latín magi,

/mágui/ (magíster, /maguíster/) de donde llegó al español. Todo un enigma envuelve a los "sabios de oriente", lo que en la actualidad conocemos se debe más que nada a la leyenda o tradición mas que a los hechos reales. Las únicas referencias que se tienen sobre ellos provienen del Evangelio de San Mateo y de algunos Apócrifos, y en ninguno de ellos los califican de reyes. A decir verdad, en los textos originales la palabra "sabios" es derivada del griego "magoi" y el latín "magi". Dichas palabras parecen provenir a su vez de la palabra "magu", nombre dado a los sacerdotes persas en la religión zoroástrica. Durante muchos años se considero a los sacerdotes como depositarios de todo conocimiento importante. No solo las técnicas para propiciar a los dioses, sino el estudio de los cuerpos celestes y sus supuestas relaciones con los asuntos humanos, lo cual era muy tradicional en Babilonia.

En otras palabras eran sabios astrólogos-astrónomos, metafísicos y alquimistas. Los judíos, que siglos atrás habían sufrido el destierro en Babilonia, conocieron la categoría de "magos" de dichos sacerdotes, lo cual podría dar lugar a que San Mateo los denominara de dicha forma. Otras versiones en cambio los identifican como sacerdotes de Mitra, un

dios solar con ciertas pautas de semejanza a Cristo.
Jesús. Texto de - **Gerardo Rodríguez Flores |**
Sociedad Astronómica de la Laguna (México)

(2) La Iglesia Española cobra del estado por la
cantidad de fieles que están bautizados como católicos,
cuanto mas supuestos fieles tenga mas cantidad cobra.
Desde 1978 la Iglesia recibe del Estado una dotación
con cargo a los presupuestos generales del Estado. En
1988 se articuló una asignación tributaria para la
Iglesia Católica, consistente en el 0,5239% del
impuesto sobre la renta de las personas físicas. Sin
embargo esta asignación nunca cubrió las necesidades
de la Iglesia, por lo que se tuvo que instrumentar un
complemento estatal con cargo a los presupuestos.
Según Fuentes de TANTAS.org y
laicismo.org

Adicionalmente a estas cantidades, la Iglesia
recibe otras cantidades con cargo a los
presupuestos generales del Estado:

• *Profesores de religión y otros cargos religiosos:*
el Estado aporta 500 millones de euros para pagar
los sueldos de 33.440 profesores de religión, más 17
millones de euros para los sueldos de capellanes en
cuarteles, hospitales y cárceles. A esto hay que añadir

las indemnizaciones que ha tenido que abonar el Ministerio a los catequistas, en respuesta a sus reclamaciones.

- *Conciertos educativos: existen 2.376 centros concertados (el 80% de los centros privados), con 1.368.237 alumnos y 80.959 profesores. En total, 3.200 millones de euros.*

- *Exención de impuestos: le supone un ahorro a la Iglesia de 750 millones de euros, considerados a efectos de estos cálculos como una ayuda más del Estado a la Iglesia*

- *Donación de solares para templos: en Valencia se han cedido al menos 10 parcelas en la última década.*

- *Ayudas directas a la Iglesia para el sostenimiento de su patrimonio artístico e inmobiliario: 280 museos, 103 catedrales o colegiatas con cabildo y casi mil monasterios. Las administraciones públicas en 2005 gastaron 200 millones de euros para obras de conservación o reforma.*

- *Desgravación de los donativos: las donaciones a la Iglesia Católica desgravan un 25% del IRPF (caso de personas físicas), y un 35% del Impuesto de sociedades (caso de personas jurídicas). Pero el Estado devuelve a los fieles, y por tanto aporta, el 25% (o el 35%) de esa cantidad. Esto supone 71 millones de euros.*

El total anual del año 2015 fue de unos 12.000.000.000 € (Doce mil millones de Euros)

Es una cantidad escandalosa para seguir manteniendo a una Iglesia. Una auténtica aberración y, más ante la coyuntura económica que tiene España respecto a la deuda externa con un agujero enorme de la que el pueblo tiene que pagar de su bolsillo sin permiso del mismo por culpa de unos políticos nefastos y corruptos.

La casilla de la iglesia debería de ser borrada de los papeles del IRPF.

Las Leonas si son deportistas

Ayer miles de bilbaínas/os salieron a las calles para recibir al equipo Femenino del Athletic de Bilbao que una vez mas son campeonas de liga. Este homenaje además era especial por que ya van cinco veces que ganan este campeonato de liga de Fútbol.

Hasta ahora no se las había tenido apenas en cuenta ni valorado este hecho que pasaba casi desapercibido por los espacios de noticias deportivas de los medios de comunicación especialmente vascos.

Ya el año pasado se alzaron algunas voces de que el equipo femenino de futbol del Athletic merecían un homenaje mas amplio y que deberían de haberlas sacado en la famosa Gabarra como suele suceder cada vez que la liga o la copa del Rey lo gana el equipo profesional masculino de ciento en viento, ya que hace muchos años que casi siempre están a las puertas de conseguirlo y nunca lo llevan a buen término. Este año se ha suscitado la polémica de Gabarra si o Gabarra no, que al final ha sido que no. Se le ha acusado por éste hecho al presidente del Athletic de discriminar al equipo femenino de primera división respecto al equipo masculino profesional de primera división como principal responsable de no aceptar y celebrar con la Gabarra el triunfo de ser campeonas de liga merecidamente ganado por las chicas. Las chicas se merecían la Gabarra.

El equipo femenino de primera división del Athletic es la hermana pobre del club, un club que es sentido por miles de Bizkainos/as como algo propio y que implica una serie de valores para la sociedad como "Algo Nuestro" del pueblo, gallardía de ser una equipo compuesto sólo por vascos, sin fichajes de extranjeros, etc. Pero al club le falla una pata, el concepto de PARIDAD, La diferencia de sueldos del primer equipo del club donde los jugadores cobran cifras astronómicas o los sueldos que cobran el equipo de segunda división del AThletic respecto al equipo femenino es abismal y eso que también pertenecen a la primera división de femeninas. Aquí ya tenemos el primer ejemplo de ello. Como dice la periodista Begoña Beristain de Onda Vasca en su blog diario **Veterana B**

"En Euskadi tenemos una Ley de Igualdad en la que se refleja el apoyo institucional a las entidades que fomentan la igualdad y castiga a quienes discriminan. Habría que preguntarse si un Club que ha discriminado clarísimamente a su primer equipo de mujeres merece tal apoyo"

Por lo tanto el Athletic no cumple en cuanto a valores humanos se refiere el papel de representar a una sociedad donde la igualdad entre hombres y mujeres se dan como un hecho y al que hay que empujar y potenciar para que no haya discriminaciones por razones de sexo en el deporte.

Por otro lado también los medios de comunicación –recordemos que hace poco el entrenador del equipo femenino del Athletic convocó una rueda de prensa a la que no acudió ningún medio de comunicación-. Al parecer debido a la situación de la crisis económica las redacciones de los periódicos y demás medios de comunicación no deben de disponer de personal suficiente para cubrir todas las informaciones por la cantidad de ERES que han realizado.

Estos medios juegan un papel muy importante en cuanto se refiere a dar las noticias donde haya deportistas femeninos, prácticamente las noticias se suelen resumir a unas notas anecdóticas en los diarios, revistas y noticiarios de radio y televisión.

Otro dato anecdótico es que las chicas del Athletic tampoco se han mojado ellas mismas en sacar algún tipo de comunicado respecto al hecho de haber sido discriminadas con la Gabarra. Posiblemente sea por no polemizar con el club y no querer dañar la imagen de éste. Lo cuál me parece un error por que defiende la idea de que el fútbol es un juego de hombres.

"Podían haber ganado o perdido el pulso con el Club, pero creo que deberían haberlo echado. Un pronunciamiento público como mujeres reivindicando la no discriminación y la igualdad hubiera sido edificante, educativo y de mucho peso para el fomento de una vida igualitaria. No ha sido así. La sombra

del Club ha sido demasiado alargada como para salir a la palestra y decir "nos hemos ganado la gabarra. Sin duda hubieran tenido un apoyo mayoritario tanto por parte de los hombres como de las mujeres.

Texto - **Begoña Beristain –Periodista y locutora en la radio Onda Vasca**.

Polémica o no, discriminación o no la razón fundamental es que el Futbol al igual que otros deportes de masas en las primeras divisiones son un negocio, un sucio negocio donde se ganan y se juegan millones.

Esto es lo que "interesa" realmente a la sociedad, a los medios de comunicación y como no Al Gran Capital Financiero. En la primera división los jugadores no son realmente deportistas por mucho que ellos se consideren así – A ver qué jugador de cualquiera de éstos equipos me dice que el juega por deporte solamente- son fichas con las que se juegan a intercambiar por cantidades sustanciales de dinero entre los clubes. Cuanto mas estrellas sean del fútbol mas se cotiza su precio.

El mundo del fútbol no es machista fundamentalmente, es capitalista, por esa razón los equipos femeninos no tienen tanta importancia primordial en los clubes y son anecdóticas y decorativas para dar una buena imagen nada más a la marca del club. No son rentables económicamente por que a sus partidos no acude mucho público, ni siquiera mujeres. Se merecían la Gabarra, según algunos comentaristas de futbol la Gabarra actualmente varada frente al Museo Marítimo de Bilbao no debe de estar en condiciones navegables –veremos si es verdad cuando el equipo masculino gane algún día una final o una liga, si realmente flota, a lo mejor vendría bien que se hundiera en la ria y se mojen (Sin que se ahogue nadie) todos los jugadores con su presidente al frente, ese que dice que la polémica de la Gabarra lo han creado los medios de comunicación y las Feministas.

Como siempre echando los balones fuera, igual que cuando fue jugador del Athletic. De momento las mujeres del Athletic representan los verdaderos valores del deporte por que no lo hacen por dinero. Todo ese sacrificio personal lo hacen por afición, por alma y amor a los colores del equipo. Aunque también hay de todo.

Ya me gustaría saber a mí si verdaderamente los de los equipos masculinos del Athletic de primera división lo hacen por lo mismo, de la afición no hay duda, ningún equipo tiene los aficionados que tiene el Athletic para bien o para mal, no se si es bueno para el desarrollo de la libertad del ser humano tanta adoración y veneración a un equipo de futbol. Ellas si son unas leonas deportistas.

Nota: *El Athletic Club Femenino conquisto la liga 2016 de Futbol.*

Sobre Fútbol y otras cosas

Seguramente pueda ser el único o de los/as únicos/as personas que no hayan pisado jamás un campo de fútbol y menos el de San Mames (Bilbao) De joven me alegraba cuando la final de Copa o la liga la ganaba el Athletic sobre todo y alguno de los equipos vascos, pero era mas por cuestión nacional que por otra cosa. El hecho de ganar a España era cuestión política, yo creo que los jugadores del Athletic eran más peleones precisamente por amor propio de ser vascos y ganar por orgullo nacional.

Actualmente me importa un carajo y mi opinión es que los jugadores de ahora están mas pendientes del dinero que van a cobrar que por los valores patrios y los colores de la camiseta; Que cambian en cuanto tienen una oferta mejor y ya han cumplido el contrato -con la parte contratante del contratador que les contrata en el contrato- Me parece aberrante e inmoral las cantidades astronómicas que llegan a cobrar y más en relación al sueldo que se gana en nuestro territorio en la que muchas familias no pueden ni llegar a finales...de mes para subsistir y donde las viudas y jubilados/as a veces tienen que recurrir a los Servicios Sociales a pedir ayuda para sobrevivir.

El fútbol de la primera división ya no es un deporte es un negocio. Un negocio donde se mueven miles de millones de euros que en su mayoría van a parar a las empresas que son los sustentadores de los equipos –Solo el Athletic actualmente es un Club de Fútbol- Cuando el deporte se convierte en negocio deja de ser deporte, es la degradación del deporte. Y mas cuando se patrocinan por otras marcas de empresas o estados como los Emiratos Árabes o Arabia Saudí –Naciones que vulneran flagrantemente los Derechos Humanos y financian grupos armados Yihadistas- Y esto se puede aplicar también a otros deportes como el Baloncesto en Europa y el de la NBA en Estados Unidos al igual que el Baseball, Tenis, Ciclismo, Rallyes de coches y motos en menor medida ya que el fútbol es el que más dinero produce. Se puede ser y tener afición por un equipo al igual que se tienen seguidores en la música o cualquier otra manifestación del arte, pero llegar a sustituir tu vida, tu personalidad y libertad de pensamiento por un escudo o una camiseta y sus colores, Convertirte en un ser alienado que grita desaforadamente en un campo de fútbol, insultar al otro equipo o al árbitro y lanzar proclamas que rayan muchas veces la xenofobia y encumbran el nazismo o el fascismo, convertir el fútbol en una religión idólatra por encima de otras cosas y para colmo formar parte en grupos –supuestos animadores- para darse una paliza con otros descerebrados pertenecientes al otro equipo, es convertirse en un ser energúmeno sin capacidad crítica personal totalmente despersonalizado y alienado. Y qué diremos cuando tu equipo gana una liga, la copa del rey o cualquier campeonato mundial o europeo; Donde se declara casi una fiesta nacional y se organiza un recibimiento masivo como si recibiéramos a una *eminencia que ha salvado al mundo de una enfermedad incurable gracias a sus investigaciones científicas"* –

desgraciadamente a los científicos casi ni se les reconoce su aportación a la humanidad- Esta claro que todo es por el negocio; Merchandising, bares, pubs, hoteles, transporte e incluso las casas de prostitutas trabajan el doble ese día. Algunos/as individuos/as incluso se endeudan con los bancos para asistir al evento del final del campeonato para acudir allá donde se mueve su equipo. Sea territorio nacional o extranjero ¿se puede llegar a tamaña aberración personal?

Si toda esa capacidad de movilización que tienen los equipos de Futbol lo tuvieran los partidos políticos y sobre todo de la izquierda en éste país la lucha de clases y la justicia social se hubieran resuelto en cuatro días. Si toda esa pasión irracional se condujera al consumo del arte y la literatura crecerían individuos mas libres, cultos y solidarios/as

El fútbol es como el circo romano donde los emperadores entretenían al pueblo para que este no pensara. De esa manera permanecían totalmente sumisos y no se rebelaban contra el poder. Si a todo esto añadimos la religión, los programas basura de las televisiones y un bajo nivel de enseñanza en Humanidades y Filosofía, Junto con el trabajo que realizan los Medios de Comunicación, tenemos el cocktail completo para que los borregos sean pasto de los lobos convertidos en pastores que nos gobiernan por orden del Capitalismo local, Europeo y Mundial.

Guerra de Banderas

¿Se debe politizar el fútbol?

Se prohíbe la entrada de banderas Steladas Catalanas en el Estadio Calderón de Madrid. Rafael Hernando (PP) en una entrevista de Radio Nacional afirma lo siguiente que si Puigdemont Presidente de Catalunya que ha desestimado acudir al encuentro de la final de Copa del Rey de 2016 entre el Barcelona y el Sevilla considera que la estelada debe ser la bandera oficial catalana debe proponerlo en el Parlament, pero ha remarcado que «de momento esto no es así y es una bandera ofensiva para muchos españoles, un símbolo que busca la destrucción de España y romper España«.

Unos 2500 agentes de la Policía cachearan a todos los asistentes Catalanes para que no introduzcan ninguna bandera Stelada en el recinto del estadio —Se gastarán una enorme cantidad de dinero para esto- La delegada del gobierno de Madrid afirma que «el deporte en general y el fútbol en particular no tienen que convertirse en escenarios de confrontación política». Aunque esto en realidad debería de ser así no se aplica en otros partidos cuando acude el Real Madrid a un encuentro con equipos vascos o catalanes, No critica las acciones que realizan los Holigans de los equipos madrileños -Ultrasur o Frente Atlético- que exhiben banderas españolas en su mayoría con el águila fascista en los campos de fútbol, insultan e incluso asesinan como ocurrió con Aitor Zabaleta por un grupo neonazi vinculado con el Atlético de Madrid. Montan incidentes y agreden a los seguidores de los otros equipos ¿Por qué se permite que existan estos grupos de energúmenos en los equipos de fútbol? ¿Qué aportan al deporte aparte de violencia?

Ahora va a resultar que vamos a pedir la no exhibición de banderas y sobre todo si estas son independentistas para que no se mezcle el deporte con la política ¿Prohibirán a los Sevillanos llevar la bandera Andaluza? ¿Prohibirán llevar la Ikurriña si jugase el Athletic de Bilbao en alguno de los campos de futbol de Madrid? ¿También la bandera independentista de Galicia? Esta claro que estamos en período de elecciones y cualquier cosa vale para arañar unos votos enarbolando la bandera del nacionalismo viejuno y rancio español. España siempre la primera en estrujar y retorcer leyes para el beneficio de unas castas casposas y fascistas, y para contentar a unos/as tontos/as que les votan. Este año la pitada en el estadio Calderón va a ser de órdago con acento catalán.

Pdta. Al final un juez de Madrid sentencio que era anticonstitucional no permitir la entrada de las banderas en el estadio Calderón y que se atacaba directamente contra la Constitución y el derecho de la libertad de expresión. Las banderas esteladas adornaron el campo. La pitada al Rey fue otra vez mas parte del show y no hubo mas incidencias durante el partido, el circo siguió su curso.

El baserri y la soberania alimentaria

Últimamente nuestros Baserris –caserío vasco- y los baserritarras –agricultores- están desapareciendo en nuestro país. Ello es debido a varios factores. Nuestro sistema de vida industrializado y globalizado, el poco atractivo de los jóvenes a trabajar en el campo y la poca rentabilidad de vivir del Baserri.

A principios del siglo XX se combinaba el trabajo de los baserritarras con el de las fábricas y las Minas y era de esa manera precariamente rentable económicamente, el modo de explotación del baserri fue cambiando a mediados de los 50 y haciéndose mas industrial pero también decayó mas adelante con la entrada en el mercado común, hacia los 70 la producción del baserri que se basaba originariamente en la producción de leche, carne y la madera fue cayendo en su rentabilidad y muchos abandonaron el campo, vendieron tierras para la construcción y muchos baserris desaparecieron, los productos del baserri se devaluaron por que no podían competir con los Precios de las importaciones de productos agrícolas que venían desde Europa, no se podía competir con la industrialización de la agricultura de los otros países, el baserri vasco no producía tanto como para poder tener precios competitivos y eso unido a la subida de la energía; Gasolina, Gasoleo, Electricidad. Aunque adoptaron la utilización de piensos para el ganado no podía mantenerse también por la subida de precios del pienso. .

El baserri se convirtió como un elemento más en la familia de autoconsumo propio que de producción de alimentos para su venta Hoy en día la mayoría de los baserris son las residencias de una generación que a través de sus antecesores mantienen aun un sistema de vida y de producción de alimentos para consumo propio y son una población de gente mayor de 55 años, otros que han ido evolucionando -muchos gracias a la aportación del trabajo de las mujeres- mantienen un baserri industrializado con muchas dificultades para su supervivencia A las nuevas generaciones no les atrae cultivar la huerta y sus vidas están mas orientadas a sus oficios o carreras, viviendo la mayoría en las ciudades.

Hacia los 90 comenzaron algunos baserris – muchos de ellos/as gente joven provenientes de ciudades y pueblos- en la producción especializada de productos y a crear su marca propia. Ganadería con carnes con garantías de Label Vasco e incluso crianza ecológica, Lácteos y la producción transformada de los mismos; Quesos, Yogures, Cuajadas y derivados. Productos de consumo y ecológicos en verduras y Hortalizas; Vinos, Sidras, Txakoli, también huevos ecológicos y productos derivados de éstos. Aunque muchos no son baserris si no que industrias de alimentación muchos de ellos organizados en cooperativas agrícola-ganaderas y de lácteos. Todo ello dio una futura esperanza de renovación del baserri aunque en el año 2007 hubo una estadística de la pérdida de productores del baserri que rondaban más de 20.000 industrias.

"La Soberanía Alimentaria (1) consiste en la

facultad de cada pueblo para definir sus propias políticas agrarias y alimentarias de acuerdo a objetivos de desarrollo sostenible y seguridad alimentaria. Ello implica la protección del mercado doméstico contra los productos excedentarios que se venden más baratos en el mercado internacional, y contra la práctica del dumping (venta por debajo de los costos de producción)." Definición añadida de la Wikipedia.

Este concepto surgió en Roma en el año 96 durante la cumbre mundial de la FAO-Organización para la Alimentación y la Agricultura. "Este nuevo concepto, constituye una ruptura con relación a la organización actual de los mercados agrícolas y financieros puesta en práctica por la OMC En

Euskalherria esta impulsada sobre todo por el sindicato EHNE defensora de los derechos de los baserritarras. Organizan reuniones sobre la concienciación del uso de la soberanía alimentaria, la creación de redes de ventas varias entre baserritarras y consumidores, cursos de formación de agricultura ecológica (2), etc.. Actualmente también los filtro-regulador productores del baserri se están organizando en Cooperativas Mas de 5000 de lo contrario individualmente no sobrevivirían - Orexa en Tolosaldea, Fruitel, Bioel y Sasoi - autogestionadas por ellos mismos para facilitar la canalización de las ventas de los productos producen. Ya en algunas tiendas y los supermercados vascos – EROSKI, Erkoreka, BM, Lidel y otros-se observa la venta de sus productos superándose con un distintivo de producto del país. Tenemos que tomar conciencia de que debemos de consumir productos de nuestra Soberanía Alimentaria; la producción de nuestros productos fabricados en Euskalherria, Al igual también que en el comercio local de nuestros barrios, de todo tipo por que redunda en la economía propia de nuestro pueblo y mantenemos vivo al baserri por que es la esencia de nuestra cultura, nuestros orígenes y nuestra identidad propia como vasc@s.

La Declaración de Nyéléni, Selingué, Mali 2007, estipula lo siguiente:

La soberanía alimentaria es el derecho de los pueblos a alimentos nutritivos y culturalmente adecuados, accesibles, producidos de forma sostenible y ecológica, y su derecho a decidir su propio sistema alimentario y productivo. Esto pone a aquellos que producen, distribuyen y consumen alimentos en el corazón de los sistemas y políticas alimentarias, por encima de las exigencias de los mercados y de las empresas. Defiende los intereses de, e incluye a, las futuras generaciones. Nos ofrece una estrategia para resistir y desmantelar el comercio libre y corporativo y el régimen alimentario actual, y para encauzar los sistemas alimentarios, agrícolas, pastoriles y de pesca para que pasen a estar gestionados por los productores y productoras locales

La soberanía alimentaria da prioridad a las economías locales y a los mercados locales y nacionales, y otorga el poder a los campesinos y a la agricultura familiar, la pesca artesanal y el pastoreo tradicional, y coloca la producción alimentaria, la distribución y el consumo sobre la base de la sostenibilidad medioambiental, social y económica.

La soberanía alimentaria promueve el comercio transparente, que garantiza ingresos dignos para todos los pueblos, y los derechos de los consumidores para controlar su propia alimentación y nutrición. Garantiza que los derechos de acceso y a la gestión de nuestra tierra, de nuestros territorios, nuestras aguas, nuestras semillas, nuestro ganado y la biodiversidad, estén en manos de aquellos que producimos los alimentos.

La soberanía alimentaria supone nuevas relaciones sociales libres de opresión y desigualdades entre los hombres y mujeres, pueblos, grupos raciales, clases sociales y generaciones." (La Wikipedia)

Desde EHNE apostamos por una formación puramente agroecológica, ya que todos nuestros cursos y acciones formativas, tienen como fin, la defensa y la difusión de una agricultura campesina, local y de temporada. Además de enseñar a poner en marcha un huerto agroecológico, o de transformar artesanalmente productos agrarios, nuestros cursos también tienen como objetivo dinamizar a diferentes colectivos sociales, culturales, grupos de mujeres rurales, etc., (Extracto de la web de EHNE)

Km. 0 bai – Monsanto ez!!

<<Consumamos nuestros propios productos, fabricados en el país. La autosuficiencia nos hace ser más libres a los pueblos. La macro-industria de la alimentación mundial esta en manos de unos pocos y son la consecuencia de la miseria y hambre de otros pueblos>>

Restaurantes Michelin

¡¡ una manera de hacer el primo!!

"En los tiempos de Cervantes

Se comía igual que antes

Buen yantar, buena siesta

De noche vino y buena fiesta"

Ayer en un programa de la eitb (Television Vasca) salio cierto restaurante conocido de Bilbao de esos que tienen estrella Michelin. Me recordó a uno al que fui con mi cuadrilla de Bermeo en una Aste Nagusia (Fiestas de Bilbao) fuimos a uno de los que estaban dentro del hotel Ercilla a comer Rabo de Toro y nos confundimos de restaurante y entramos al que se llamaba como el de nuestro pueblo, debía de ser de que la cabra siempre tira al monte. El caso es que entramos y comenzaron a servirnos unos enormes platos pintados con pinceles y con unos "Pintxos"(1) que se suponía que eran las raciones normales. Al final comimos unos 6 platos distintos cada uno y ya con la mosca tras la oreja uno pregunto al camarero a ver cuando traían el Rabo de Toro. El camarero sorprendido nos dijo que eso era en el restaurante contiguo de aquél hotel ¡La cara que se nos puso a todos y sobre todo cuando nos llego la cuenta! ¡10.000pts cada uno de aquellos tiempos (Unos 150€ actuales) por comer cinco pintxos y un vino de precio mediano!

¡¡Y había que ver la cara del camarero al despedirnos era indescriptible!! Hicimos el PALETO estruendosamente.

Y digo que esto me viene a la memoria por que el cocinero preparo unos platos parecidos a aquellos que comimos, que las degustaba la presentadora de la eitb. Yo me pregunte si las raciones son así ¿cuantos platos me debo de comer para salir con la barriga llena? eche cuentas y si no llevo 300€ como mínimo no como para llenarme. En cualquier otro lugar de Bilbao o Euskadi por menos de 25/30€ comes hasta que te empaches y te duelan las tripas y con una calidad comparable a la tontería del Basque Culinary Center. ¡Pero lo que farda después decir que has comido en ¡tal sitio o en cuál restaurante para darte importancia! Que me lo diga un millonario me suena normal -Normalmente son unos Snobs jilipollas- Pero uno cuyo sueldo esta entre 1.000 a 2.000€ me parece que hace el auténtico paleto.

Nunca iré a un restaurante que tenga estrellas Michelin a menos que demuestre que realmente voy a comer de verdad (Que alguno lo hay) ni tampoco a aquellos otros donde cocinan peor que yo -Los hay a montones y dándose una importancia petulante exacerbada- muchos de ellos son restaurantes de postín con nombre famoso y ya no digamos aquellos restaurantes de modernos que van de la moda cocina estilo aproximado al Slow Food y demás tontería supina arrogante -muchos son productos de los concursos de Chefs de las televisiones-(2) Eso para mi realmente es hacer el auténtico idiota.

(1) Se les llama Pintxos a unas Tapas preparadas en los bares vascos y antiguamente se les denominaban como Banderillas.

(2)   Estamos asistiendo a un bombardeo de programas de Gastronomía en las televisiones. La Gastronomía que antes era una parte del la programación de alguna cadena de televisión (Carlos Argiñano precursor en la eitb y después se lanzaría en otras cadenas de televisión estatal)

Ahora la moda son los concursos para ser un Masterchef, como si en un concurso te hicieras un maestro de la cocina, solamente por ganarlo. Un cocinero se hace en casa y después con la experiencia que te dan los años mas lo que puedas aprender de otros que saben más que tu. El tema de la gastronomía ha llegado a un grado de snobismo y tontería tal que ya hay cocineros que cocinan con sopletes y máquinas de hielo, te hacen comer flores e insectos adornado todo ello con el súmmum del modernismo y te lo venden como tal, y van todos los pijos y snobs jilipollas a probar esos platos que les cuestan el ojo de la cara. Todo esto degrada la verdadera gastronomía, esa gastronomía de los restaurantes de los pueblos y que provienen de la sabiduría de nuestras abuelas que fueron las que nos enseñaron a cocinar ¿Por qué hay tantos hombres cocineros reconocidos mundialmente y apenas mujeres? Por una sencilla razón, los hombres se han apoderado del mundo de la cocina y los premios se los reparten siempre entre los mismos amiguetes. Pocas mujeres son premiadas en el mundo de la gastronomía.

Otra cosa que tienen los concursos es ver cómo los aspirantes se dejan humillar por un@s indivídu@s que se las dan de maestros y son unos/as auténticos/as pedantes de alto standing. Y por último emitir programas usando la imagen de niños me parece deleznable y principalmente culpo a esos padres imbécil es que desean que su hijo sea un minimasterchef a tan corta edad. Me dirán que es el niño el que quiere ir por que es su ilusión ¿Hasta qué grado el niño no esta influido por los programas televisivos y los anuncios atractivos para elegir el casting para ese programa? A los niños les gusta destacar y ser protagonistas y saliendo en la tele eres popular en la escuela o colegio y te haces "Famosilllo" ¿hasta donde para la salud psicológica del niño es bueno eso? ¿Quien saca beneficio de eso? pues la productora que cobra millones por el programa

¿cuanto cobran los niños? Los gastos de desplazamiento, hotel y manutención no es suficiente para disimular la explotación de un menor en un concurso. Por otra parte, emitir programas de gastronomía en las televisiones en un país donde se pasa hambre es una ofensa contra la dignidad de muchas personas.

Homenaje a un Valiente

Mohamed Abdelaziz presidente de la Republica Árabe Saharaui Democrática muerto recientemente este año 2016.

El Frente POLISARIO nace el 10 de mayo de 1973 en Zouérate - Mauritania es la heredera de otra organización fundada por Bassin que fue asesinado –Desaparecido- por la policía militar española en el Aiún durante una manifestación del Movimiento para la Liberación del Sahara. El objetivo del POLISARIO es liberar e independizar al Sahara del poder español. Su primer dirigente fue Brahim Gali secretario de la organización, después le sucedería El-Uali Mustafa Sayed tras el segundo congreso y fue la primera guerrilla organizada que funcionaba en un desierto.

El POLISARIO se establece en Tinduf-Argelia y desde allí organiza las acciones Guerrilleras contra Marruecos y Mauritania que se habían repartido el Sahara mientras agonizaba de muerte el dictador español Franco. En el 75 Marruecos organizo la marcha Verde para invadir el Sahara con miles de marroquíes. La O.N.U nunca reconoció la usurpación de los territorios por Mauritania y Marruecos. El Rey de España, Mauritania y Marruecos llegaron a un acuerdo tripartito en la que España descolonizaba el territorio y dejaba en manos de Mauritania y Marruecos y la Yemaa Saharaui para que llegasen a un acuerdo para que los Saharauis decidieran su destino. El 10 de diciembre de 1976, la Asamblea General de las Naciones Unidas aprobó -España, Marruecos y Mauritania votaron a favor— la Resolución 3458 B, en la que se reafirmaba «el derecho inalienable de todas las poblaciones saharauis originarias del territorio a la libre determinación» y se pedía a las partes «una consulta libre organizada con el concurso de un representante de las Naciones Unidas designado por el secretario general» España no cedió los derechos administrativos de éste territorio a Marruecos ni a Mauritania. A nivel legal internacional aun es responsable administrativo de la zona y no hace nada para resolverlo. La resolución de la O.N.U. aun es vigente. Al día siguiente Marruecos anuncia que <<La Yemaa (Asamblea de ancianos tribales) del Sahara establece que aprueba la cesión de los territorios a Marruecos y Mauritania debido a Vínculos históricos y culturales>>

Esta decisión se vuelve contraria a la resolución de la O.N.U. El Frente POLISARIO anuncia la prosecución de la guerra contra estas dos naciones. El 29 de Febrero 1978 se proclama la R.A.S.D. - Republica Árabe Saharaui Democrática. Continua la guerra en el desierto hasta los acuerdos de Paz de 1991 para que se celebre un referéndum que hasta ahora no se ha celebrado.

En el 2003 se acuerdan vías diplomáticas para la resolución del conflicto (Plan Baker) con el presidente de la R.A:S.D. Mohamed Abdelaziz un veterano militante del POLISARIO. Algunos sectores críticos mantienen que las vías diplomáticas apenas consiguen concesiones de Marruecos y que habría que volver a la lucha de nuevo. Abdelaziz milito en las filas del Movimiento de Liberación del Sahara desde 1968. Después fue también el fundador del POLISARIO en 1973 luego fue nombrado Secretario General del Movimiento y Presidente de la R.A.S.D. Durante 40 años dedicó su vida al Pueblo Saharaui hasta Junio del 2016 que muere tras una larga enfermedad con 68 años. ¿Qué devenir le viene al pueblo Saharaui ahora?

Las voces críticas de los jóvenes nacidos después de la guerra llaman a proseguir la guerra de guerrillas desesperados por no realizarse ninguna resolución de la O.N.U. ni el esperado referéndum, no tienen futuro ni de trabajar en otros países ¿Seguirán de nuevo por vías diplomáticas o se volverá a la guerra?.¿Qué harán las Naciones Unidas? Marruecos esta apoyado por Estados Unidos por colaborar en la lucha contra Alqueda y el Ejército Islámico, España no mueve ninguna ficha para la resolución del conflicto ¿Qué destino le queda al pueblo Saharaui?

¡Viva el Sahara libre!! ¡Viva Mohamed Abdelaziz!

"Dreimizat"

Dreimizat con mucho polvo

Con sus armas y sus balas

Juran al enemigo

Que no dormirá tranquilo

Fuera de las trincheras.

Fana Ali, poetisa Saharaui y antigua combatiente del POLISARIO.

"Los políticos matan la cultura porque desprecian la cultura, pero también porque le tienen miedo"

Son las palabras de Nuccio Ordine filósofo Calabrés. Esto es normal, cuanto más ignorante es el pueblo mejor su dominio. El hecho de que el IVA cultural sea tan alto en España no es casual viniendo de donde viene y quien lo ha impuesto (PP) por un gobierno nefasto para la cultura Mientras el impuesto para la compra de obras de arte lo han rebajado para ese grupo de privilegiados que tienen sus cuentas bancarias repletas de billetes.

Alguien recuerda las palabras de Millán Astray – Fundador de la Legión- en Salamanca cuando grito frente a Miguel de Unamuno la celebre frase de - *"¡Muera la inteligencia! ¡Viva la muerte!"* Antes de toda esta frase También pronuncio aquello de "País Vasco y Cataluña son la "antiespaña cánceres en el cuerpo de la nación; que sus valientes moros habían llegado para combatir a los malos españoles y a dar la vida por la sagrada religión de España" Y eso que Unamuno dio 5000 pesetas de las de entonces para financiar el golpe militar, que todo hay que decirlo. Según los historiadores fue engañado por que él creía que el golpe de estado era para restablecer la República española de nuevo por que ésta había degenerado en una revolución de anarquistas, comunistas y socialistas, desmembrando el estado democrático republicano..

El uso de la ignorancia y el analfabetismo como arma de dominación no es nueva, lo han utilizado todos los caudillos, dictadores, reyes, estados de todo tipo y religiones como herramienta eficaz de sometimiento de los pueblos. Durante el dominio musulmán en el Alandalus existían las escuelas y universidades, luego estas desaparecieron con la llegada de la llamada "Reconquista" ¿Reconquista de que? El pueblo castellano era ignorante y analfabeto, totalmente sometidos por los señores feudales; la aristocracia y nobleza. y solamente una casta de privilegiados lograban estudiar.

Recientemente hemos podido ver como los Talibanes en Afganistán destruían las esculturas de las estatuas de Buda por que en el Islam esta prohibido adorar imágenes y también como los del ISIS-DAES Estado Islámico destruían la bella ciudad de, Palmira (Siria) declarado monumento histórico mundial y vendían objetos de arte robados clandestinamente en mercados negros para financiar su organización terrorista. Del desastre de la biblioteca de Tombuctú y durante los comienzos del cristianismo católico de Roma la quema de la biblioteca de Alejandría. Son un claro ejemplo de lo que pueden llegar a cometer las religiones para imponerse a sangre y fuego. Viejo el recurso de la ignorancia para el sometimiento de los pueblos. En este campo España es uno de los Países de mayor fracaso escolar -siendo un país de innumerables recursos culturales y de patrimonio histórico de Europa- excepto en Euskalherria que esta situado entre los siete primeros países de menor fracaso escolar en Europa. Es obvio que los políticos tengan miedo a la cultura y a los/as intelectuales. A los/as periodistas críticos y demás gentes que escribimos. Bien sea en papel o en las Redes Sociales que también tratan de dominar a su antojo los estados.

Kukutza la muerte de la cultura popular 28 Setiembre 2011

¡¡Denigrante!! ¡¡estos demócratas se degradan a si mismos con estos hechos!!

Ayer vi las mismas imágenes del franquismo más exacerbado que he conocido. eso si con demócratas que ladraban en las emisoras de radio.

Las brutales cargas policiales contra los vecinos/as de Rekalde eran de lo más Terrorífico y Dantesco. No importaban los ancianos, ni los niños del parque de Amezola. Todos eran brutalmente apaleados sin ninguna contemplación. Parecían seguir órdenes de castigar a todo un barrio por ser fieles a Kukutza.

Los responsables de los mandos policiales tenían claro que después de éste escarmiento no iban a salir a la calle a protestar. Pero ello trajo las consecuencias de lo que hasta altas horas de la madrugada la población bilbaína se rebelase contra una imposición de un derribo de un centro cultural y popular, ejemplo en Europa de la autogestión de la cultura popular.

Estaba claro, que el Capital para especular necesitaba derribar un solar y aún utilizando la legalidad judicial iban a aplastar cualquier reivindicación que no cumpliera con sus intereses económicos.

Así se acababa con un espacio de cultura de un barrio a la que ahora le han dejado vacío de todo. Sin locales donde los vecinos desarrollar sus actividades de ocio y más cosas. Este Alcalde nos roba nuestro espacio urbano imponiendo leyes en contra de la libertad de uso de nuestras calles y aceras. Ahora cerrando Kukutza, mañana quien sabe qué.

Realmente no comprendo cómo se persigue denodadamente la cultura popular y sólo se le de cancha a la cultura oficial. No es la primera vez que éste Alcalde Señorito Cortijero cierra locales o persigue a todo aquél que intenta hacer algo en su barrio, Local de Hostelería, etc.

Más de una vez, como músico me ha tocado ver a sus lacayos cerrando una función de música y jodiéndome mis conciertos en los Garitos y también en un Evento organizado por la asociación de Moteros de la Harley Daviddson que tenía permisos.

Bilbao, se ha convertido en un Cortijo personal de unos cuantos Demócratas Orgánicos Fascistas, en una ciudad aburrida, triste y sin ninguna cultura real mas que la de la imagen de estampa con la que engañan a los turistas.

Cada vez es más una ciudad dormitorio que una ciudad en la que viven sus gentes.

Pero el personal tiene la mente tan cerrada, manipulada y están tan asustados por los medios; léase la prensa, radio, Eitb, etc. Tan cercenadas las mentes que hacen que surja un cortijero alcalde con mayoría absoluta. (1) (Hubo una abstención de mas de un 35%)

Es de llorar, pero no nos harán largarnos de aquí ni a las cloacas que es donde ellos nos quieren ver, Tenemos y debemos de luchar para desterrar de Bilbao y toda Euskal Herria a todos los fascistas aunque se pongan el uniforme negro de demócratas.

Hoy me reivindico aquí como un KUKUTZA mas, como músico protesto contundentemente contra todo este Fascismo que cada vez más esta surgiendo y asentándose en nuestra Euskal Herria. ¡No hay derecho a tanta represión contra el pueblo!!

Quousque tandem abutere, Cortijero, patientia nostra, QUO VADIS BILBAO!!

(1) : «Voy a los números para desmontar la patraña de la mayoría absoluta de Azkuna. En las Elecciones Municipales de 2011, en Bilbao se contabilizaron 169.960 votos -el 61,14% del Censo Electoral (CE)- y la abstención fue de 108.039, el 38,86% del CE. PNV obtuvo 74.302 votos y se le asignaron 15 concejales sobre 29. PP, 29.046 votos, 6/29. BILDU, 23.933 votos, 4/29. PSE-EE, 22.680 votos, 4/29. (…) Gana la abstención y en segundo lugar se encuentra el PNV con Azkuna a la cabeza, obteniendo 74.302 votos, que supone el 26,72% del CE. A partir de aquí se produce la magia de la farsa electoral que transforma mediante la Ley D'Hont un 26,72% de votos en las urnas, en un 51,72% de representatividad en el ayuntamiento, 15 concejales sobre un total de 29. Azkuna/PNV consiguió una mayoría absoluta con un poco más de la cuarta parte de los votos del CE. A la vista de estos

números, no hay lugar a dudas: resulta bastante complicado sostener que la mayoría de bilbaínos ha querido que Azkuna sea su alcalde. Sin embargo, se insiste en sostener tal falsedad y hay que tener la cara muy dura para seguir defendiéndolo. Pero es lo que tiene el Poder, que hace ver mayorías donde no las hay y aceptarlas a los que participan en ese circo».

Enrique Hoz en la web de CNT-Euskadi.

El alcohol arma de dominación del sistema

El Alcoholismo es otra forma de dominación del sistema!! Por mucho que hagan campañas contra ello, el alcohol aporta sustanciosos beneficios en Impuestos al estado. También es la droga con la que muchos soportan la vida ante la frustración de no poder vivir una vida más digna y a los que tienen y les sobra para vivir, para aguantar la presión y el estrés al que están sometidos para no ser absorbidos sus grandes empresas por otros como ellos. La lucha implacable de las altas esferas por ocupar el primer puesto en el poder les someten a una presión extrema para sobrevivir en el puesto; Bien sean Políticos, Empresarios o de cualquier índole. La bebida es un factor de escape de todo ello. También en otras capas más pequeñas se da el mismo factor con el alcoholismo; Clases medias y proletarias así como los considerados del Lumpen. Vivimos en la cultura del alcohol como modo de relación en las fiestas, celebraciones, comidas, ocio diurno y nocturno u otro, las industrias del alcohol fomentan con su Marketing el consumo en todos los Medios de Comunicación con marcas de todo tipo desde los vinos (Donde se ha creado inclusive un turismo vitivinícola con toda una parafernalia de seudo-naturismo) hasta cervezas, Whiskey, Champán, Coñac, Vodka, Rones y otras bebidas, incluidas las mezcladas con otros elementos como cubalibres o Gin tonic, Bitters industrializados envasados. En nuestra sociedad y otras partes del mundo cada vez se bebe desde edades muy tempranas (9/10 años) siendo un problema muy importante sobre todo por los menores que a la larga son los posibles alcohólicos futuros de nuestra sociedad. En euskalherria tenemos el fenómeno del botellón, extendido también en todo el resto de la península Ibérica.

La cultura del botellón es una manera de crear un futuro de alcohólicos/as y una manera alienante de forma de reunión de nuestros/as jóvenes y esto en muchos casos añadiendo el uso de drogas de todo tipo –

Blandas y duras- los convierten en un blanco fácil para el negocio de los traficantes y de las industrias del alcohol. No hay manera de poder atajar este fenómeno por que es el propio sistema en el que vivimos el inductor del mismo. Uno de los condicionantes de nuestra juventud es su poca capacidad y disposición económica.

Fabricar el Kalimotxo es barato y beber en bares ...es más caro y tampoco tienen esa cultura adquirida. La juventud en el sistema actual no tiene un fácil acceso al mundo laboral y el que lo puede hacer siempre es en la economía sumergida o contratos basura. Y durante su tiempo de estudiante dependen de la paga de sus padres que casi siempre es escasa y sobre todo los que pertenecen a las clases mas bajas de la sociedad.

Dicen algunos investigadores de la Historia, que el hombre se hizo sedentario cuando descubrió la forma de fabricar el Alcohol (Existe una teoría sobre los orígenes de las bebidas alcohólicas y las civilizaciones euroasiáticas concretamente se cree que se descubrió la fabricación de la cerveza) Existen múltiples tipos de bebidas tradicionales de países donde se fabrican bebidas alcohólicas desde la prehistoria en su período Mesolítico para consumo propio, las más conocidas la cerveza y el vino desde la época Babilónica -Ya en Egipto se conocía la cerveza y se consumía y en Babilonia se cultivaban las vides y se fabricaba el vino- En otras civilizaciones se fabricaban aguardientes como en China aunque no se conoce exactamente las fechas ni existe una datación muy exacta.

El alcohol y su enfermedad el alcoholismo es la consecuencia del consumo masificado y en grandes cantidades por los individuos que quedan enganchados por el mismo como una manera de escapar de los problemas Psicológicos producidos por el estrés de nuestra civilización actual y su forma de vida. Plantearse una alternativa distinta de vida y que otro mundo es posible no esta en la mente de los alcohólicos. El recurso del alcohol como forma de escape es el más común y desde luego uno de los más baratos y si a todo ellos añadimos las drogas el efecto del adormecimiento de las conciencias de los individuos hace que el sistema siga utilizando el alcohol como otra forma mas de dominación -lo más conocido en la historia es cuando se vendía el Whiskey (Agua de Fuego) a los Pieles Rojas de Norteamérica para tenerlos dominados- un arma química más de extinción y eliminación masiva. Y de esa manera seguir perdurando el negocio en el mundo.

Debemos eliminar el alcohol de nuestras vidas? sería un objetivo imposible por que forma parte de nuestra cultura desde los cimientos de la Civilización Humana, pero aminorar el consumo masificado y desproporcionado si se puede.

Y mas si bebemos de una forma racional, pero ello implica crear un mundo diferente anticonsumista, anticapitalista, un mundo de economía y desarrollo sostenible por que ello es necesario, una actitud revolucionaria sobre el alcoholismo es precisamente marcarse los objetivos que aquí describimos y borrar de nuestras mentes eso de que cuanto mas borracho estas eres mas Jatorra y simpático y que ligas mas con las chicas (1) El objetivo del sistema esta claro, crear dependientes del alcohol para seguir esclavizando a la humanidad. El gran negocio del Alcohol, droga legalizada por el estado.

(1) Jatorra= Individuo campechano, simpático, gracioso, un gran tipo de éxito entre las mujeres, con capacidad de liderazgo y don de gentes, seductor y pícaro y desvergonzado.

Nueva boutade del lehendakari!!

"Es bueno que los jóvenes emigren y después regresen con lo aprendido para ponerlo en practica en las empresas vascas". Urkulu, Lehendakari de Euskadi.

Esos jóvenes que salen al extranjero y trabajan en trabajos precarios que en un 90% no tienen nada que ver con sus estudios si no que con trabajos, en restaurantes, hoteles, bares, lavanderías y otro tipo de trabajos semejantes. Cobrando unos sueldos de miseria en proporción con el nivel de vida de cada país y con ello manteniendo todas sus necesidades; Casa, sustento, ocio, etc. Estos son los jóvenes que regresan, frustrados totalmente y abocados a vivir con su familia y en trabajos del colectivo "Precariado"

Sólo un 5% de privilegiados accede a algún puesto de trabajo en una empresa relacionada con su carrera. Y la mayoría de estas personas se quedan en el país en cuanto consiguen elevarse en su profesión por que están mejor retribuidos. Si cobro 5000€ al mes y estoy bien instalado seria de tontos volver a un futuro incierto mal pagado en Euskal Herria.

Las palabras del Lehendakari muy bien adornadas por cierto son una boutade de un político que no sabe como conseguir desarrollar unas políticas económicas para el desarrollo y la creación del empleo de calidad de nuestro país. El 65% del empleo en Euskadi es precario y cuasi precario (Subvencionado con la RGI) La mayoría de los contratos son temporales o los de tipo - Por obra- es decir por horas, los contratos estables son muy pocos. Para lo que si están mejor preparados éstos políticos es para el chanchulleo, el negociete de amiguetes y el enchufismo de los suyos. Si esa es la solución para los jóvenes vascos agarra y vámonos ¿En manos de quién estamos?

¡Dios salve al lehendakari, que no es un Rastafari, es un txistulari ooohh!

Poch (Derribos Arias)

Anna Gabriel: "Me satisfaría tener hijos en grupo, en colectivo"

Una reflexión sobre el origen del matrimonio Burgués actual

Hasta hace poco en las islas de Samoa y toda la Micronesia-Polinesia el matrimonio no existía en el mismo concepto que hoy se entiende, como propiedad privada de la mujer por el hombre. La "tribu" se encargaba de educar a los niños –*Hoy en día tal como ayer nuestras abuelas y abuelos, tíos y tías de una manera directa o indirecta*- y las mujeres elegían pareja para la reproducción y no pertenecían a nadie, se emparejaban durante el tiempo que duraba y también tenían relaciones sexuales con otr@s tanto los hombres como las mujeres y entre los mismos primos o hermanos. Hasta que llegaron los evangelistas (El hombre blanco y su civilización) y detrás de estos el capitalismo. Y no eran bárbaros ni incivilizados.

En África el concepto del matrimonio no es igual que el nuestro, hay muchos pueblos que practican aun el matrimonio tribal; Matrimonio Sindiásmico como lo llamaba Engels.

Una mujer puede ser también la del hermano si éste fallece o ella puede separarse y elegir a otro de la tribu o tener varios maridos y estos a su vez vivir con varias mujeres en un mismo clan. El concepto de la propiedad privada de la mujer en muchos lugares de África no existe, la mujer africana tiene más peso que el hombre excepto en aquellas zonas donde existe el Islam (Exceptuando la tribu nómada Wodaabe una tribu del Sahel nigeriano donde las mujeres mandan y practican el matrimonio Sindiásmico) o las religiones Judeocristianas. En Nigeria y Mali existen las (1) Mamaford; mujeres que tienen negocios propios gestionadas por ellas y mantienen al hombre como una manera normal de vida.

El concepto de los matrimonios patriarcalistas occidentales vienen sobre todo de las GENS (Clanes Gentilicias organizadas jerárquicamente en tribus familiares) Vienen "originariamente" del Oriente aunque la etimología es romana -en cuanto tiene relación con nuestra civilización- desde el establecimiento del hombre en un territorio (Neolítico Superior) Cuando comienzan a establecerse los pueblos agricultores-ganaderos y comienzan a establecerse jerarquías y pequeños "ciudad-estados" (Civilización Babilónica)

El hombre comienza a tener mas autoridad que la mujer ya que los hombres tienen que defender el territorio de los ataques de otros pueblos —aquí surge el guerrero y los ejércitos- y mas tarde comienzan a extender los territorios con el aumento de las poblaciones. Comienza el origen de la "Civilización" las religiones y el mundo al que ahora pertenecemos - Seguimos aun en el período Neolítico- mas avanzado y global y caminamos hacia un proceso de transformación que el día de mañana los historiadores le pondrán nombre. Las formas de matrimonio actuales también están cambiando; Matrimonios Gay, Lesbianas, Monoparentales (Chico y chica) Matrimonio tradicional, etc.

El estado (Representante de la tribu territorial nacional) impone un Paradigma, económico y social; educa e impone un sistema de educación según sus intereses y, las familias (Tribus a pequeña escala) mantienen ese estado a través de los impuestos directos e indirectos debidos al trabajo que desarrollamos en nuestras profesiones. También el estado impone leyes sociales y morales (Según su concepción de la ética o determinada por la religión que practican)

Para que las tribus familiares mantengan una integración coherente cohesionada según las reglas del sistema imperante para mayor control (Llámese Feudalismo, Capitalismo, Socialismo, Comunismo) Y mantiene el orden social general emanando sus leyes según interesan (Claro esta que el estado y su función lo determinan las clases económicas de las rentas altas y dominantes del capital como en su época las GENS mas poderosas de las tribus del mundo antiguo) Aunque en la mayoría del mundo exista un estado Democrático donde eligen los ciudadanos (2)

El estado junto a la religión es el vehiculo que usan estos clanes económicos actuales para mantenerse en el poder, imponen la ideología que les interesa para lograr sus fines y la moral religiosa a través de la colaboración de las diversas iglesias que viven bajo ese estado.

El concepto del matrimonio idílico burgués actual y sobre todo el concepto del matrimonio por amor es un concepto moderno del siglo XVIII/IXX donde se dio el romanticismo y la conquista de la libertad de los individuos con el estado moderno donde ya la Iglesia no formaba parte directa del poder y el Feudalismo desaparecía.

Durante esas épocas hasta hace muy reciente la mayoría de los matrimonios se establecían por lazos de conveniencia en las clases sociales altas y en la Burguesía, las otras clases; Artesanos, Comerciantes, Maestros, Profesionales de algún oficio, etc. Tenían mucha mas libertad de elegir a su libre albedrío las parejas, pero también primaban el origen familiar y la económica. Solamente el lumpen y el proletariado se juntaban sin ningún tipo de "Interés" como parejas. Por lo tanto el concepto del matrimonio actual y todo lo que conlleva como la educación de los hijos -los hijos no son propiedad de los padres aunque estos tienen el deber de cuidar y educar (3) de ellos hasta que alcanzan la emancipación- y existe un vínculo filial con ellos (4) es originario de todo su contexto histórico y determinado por la economía y la religión sobre todo patriarcalistas; cristianas, musulmanas y judías. En todo caso habría que escuchar el argumento entero de Anna Gabriel sobre éste tema y hacer caso omiso a los extractos de unas palabras sacadas por un periodista, no se sabe con que intención.

(1) Mamaford las llaman así por que casi siempre conducen un Ford y para ellas es una vergüenza que el hombre las mantenga y que este trabaje. Tienen la capacidad de cambiar de hombre cuando quieran sobre todo si éste es infiel (Costumbre bastante extendida entre los africanos) Normalmente los maridos de las Mamaford se dedican a trabajos de artesanía, músicos, pintores, a la Horticultura de consumo familiar y a cuidar el pequeño

rebaño de cabras u otros animales, a administrar el dinero de la familia y sus negocios y a ayudar a sus mujeres en general menos trabajar para obtener ingresos superiores a éstas. Un marido de una Mamaford no puede dedicarse a hacer negocios ni a trabajos de la administración del estado, etc.

(2)¿Qué eligen los ciudadanos? Realmente eligen los representantes que "Mejor" consideran regir las riendas del estado pero no eligen cambiar el sistema económico-social imperante —esto solamente lo hace un proceso revolucionario- Eligen al fin o al cabo unos administradores que administren de manera diferente a los anteriores si estos lo han hecho mal, los electores aceptan las reglas del sistema y la mantienen con sus votos.

(3) El estado es responsable también de la educación; Formar a los niños con una educación culta y crítica y no con una ideología concreta y dirigida a que de mayores sean individuos sumisos, obedientes, trabajadores/as que sigan manteniendo el Stablishmen. Los hijos de los clanes de tribus superiores reciben una educación más selecta en centros privados para que sigan siendo el futuro relevo de las clases dominantes.

(4) El Lazo no se rompe ni se debe, pero es el concepto de la educación para crear individuos aislados -individuos en clases sociales distintas- a individuos sociales y de espíritu colectivo donde radica el problema. En

comunidades pequeñas es más difícil crear diferenciaciones de clases y personas individualistas y se crean mas personas colectivas. Pero lo que Anna se olvida es que el estado ya es un gran colectivo macrocósmico que dicta un modelo de enseñanza según las clases sociales y con diferencias entre los centros de enseñanza, público y privado donde los valores de educación sobre la colectividad no existen. En un microcosmos colectivo sería más fácil educar a los hijos de una manera distinta. Pero para ello tendríamos que crear un nuevo concepto de sociedad y de modelos de ciudad. No recuerdo quien dijo hace tiempo que los modelos de ciudades del futuro tendrían que ser más pequeños y construirlos de una manera distinta a las actuales. Pero romper el lazo afectivo con tus hijos no es saludable, se hizo en la Unión Soviética y se desecho por que a la larga los individuos/as no eran muy "Comunistas" En la antigüedad hace 10000 años el concepto de familia era distinto pero casi igual al de ahora. Los hijos se criaban en comunidad (en la cueva) y eran los que perpetuaban la tribu y cuidaban de los ancianos. Pero cuando las tribus eran nómadas y también sedentarias si moría el hijo y la madre no tenía un compañero cazador la tribu la dejaba abandonada a su suerte (al de las fieras el hambre o el suicidio Mas o menos como en las sociedades capitalistas Neoliberales actuales, donde el que es un "perdedor" acaba viviendo en la calle. Aunque por suerte hay organizaciones que se dedican a cuidar a los sin techo y otros colectivos sociales de marginados y excluidos sociales. También muchos estados en mayor o menor medida en el mundo se ocupan de los "marginados" aunque por desgracia no en la cantidad que debiera. Las familias de por si ya son tribus y los hijos se crían y educan obteniendo valores humanos si los hay o su contrario si son familias problemáticas. La Familia no son sólo el padre y la madre, también los abuelos/as, hermanos/as mayores de los padres y madres, primos, hermanos consanguíneos y a veces hasta bisabuelos/as son una tribu pequeña, en otros grupos étnicos se extienden mucho mas; Gitanos, Árabes, Africanos, pueblos asiáticos y hasta hace poco en Euskalherria con los parientes mayores y menores en los valles.

El tiempo de las Cerezas

Interesante ha sido este documental del realizador Juan Felipe Malatesta sobre la historia del anarquismo durante la transición. El movimiento anarquista tenía una fuerza extraordinaria de convocatoria en España pero sin embargo después se disolvió como un azucarillo por sus propias contradicciones internas. El regreso de los históricos del exilio y las distintas facciones del mismo no supieron adaptarse a los nuevos tiempos por estar anclados en la gloriosa historia y en el pasado donde la C.N.T. jugo un papel importante. Los jóvenes que aun no tenían claro qué tipo de organización debían de construir y el dogmatismo doctrinario casi de catecismo de la C.N.T. abortaron una posible construcción de un movimiento nuevo anarquista, esto junto a la actividad del estado que vio un peligro al anarquismo y sobre todo con la Huelga de Gasolineras promovida por la C.N.T. en 1978 en toda Barcelona y su comarca y además después del Mitin de San Sebastian de los Reyes y el de Montjuich donde asistieron miles de anarquistas, a esta eclosión libertaria tenían que abortarla de alguna manera, las cloacas estatales organizaron un atentado y culparon a los anarquistas del mismo en la acción al teatro SCALA de Barcelona muy frecuentado por la burguesía y en la que hubo muertos.

Aumentaron la represión contra el movimiento y fue otro de los factores de la desaparición o casi extinción del anarquismo militante dejando a este desarbolado y dividido en pequeños grupúsculos diseminados en todo el país y a una C.N.T. totalmente residual y casi sin implantación en el mundo obrero. Hoy en día la C.N.T. es un sindicato minoritario residual anclado en 1936 parecido a un museo viviente del movimiento obrero encerrados en ellos mismos y su historia.

Después de la proyección hubo una charla interesante entre el realizador del documental y también el exmiembro de Askatasuna Mikel Orrantia 'Tar. Asistió bastante público de todas las edades y hubo una participación numerosa de gente en el debate. Curiosamente ningún miembro de la C.N.T. de Bilbao acudió a la cita a pesar de ser invitados.

Sobre P-Lib – Partido Libertario

Dicen en su web que en estas elecciones se presentan en Euskadi. El partido libertario es un partido del ultracapitalismo de derechas. Apropiarse del nombre libertario es un insulto a lo que significa ser libertario de verdad y llamarse anarcocapitalísmo ya es el colmo de la apropiación del nombre de los anarquistas auténticos. como Saco y Vanzetti que fueron asesinados por el estado capitalista de USA. El verdadero libertario es emancipador; propugna la desaparición de las clases sociales tal como están establecidas ahora, la injusticia y el fomento de la solidaridad entre personas y pueblos, la ayuda mutua, la defensa de la ecología, etc El P-Lib lo que propugna es la acumulación del capital en manos privadas -a veces corporativos- y la desmantelación de los estados, privatizándolo todo, para dominar toda la sociedad y tener todo el control del poder económico las empresas de los Anarcocapitalistas, que se organizan libremente de la manera que les apetezca para conseguir sus fines. ¡Vamos que el PP casi copia de ese programa de estos seudolibertarios!

Ser libertario es otra cosa, esta gente a los libertarios les llaman colectivistas por que los libertarios miran por el bien común de toda la humanidad y no por el beneficio propio de un capitalismo de escorpiones como son todos estos del P-Lib y el Libertarien Party de los EEUU <<Su plataforma electoral se basa en elementos de la "filosofía libertaria" como la defensa de una economía capitalista de libre mercado (laissez faire), los derechos individuales, como la libertad de asociación y orientación sexual, y la propiedad privada. También son partidarios de la libre circulación de personas entre países, y regulaciones mínimas a la migración>>

En su momento en el colectivo ASKATASUNA de Bilbao (1970-1980) analizamos (Libros UNA ALTERNATIVA LIBERTARIA GLOBAL y LA TRILATERAL) que a largo plazo en el sistema capitalista mundial se iba a dar un modelo de Ultraliberalismo global y una sociedad totalmente capitalista, insolidario e indivualista y en la que unos se iban a devorar a los otros entre si para tener el control total del capital mundial, Pues aquí esta con estos elementos que nos quieren robar hasta el nombre de anarquistas y Libertarios.

EA acusa a Podemos de "demonizar» el independentismo de EH Bildu"

Eusko Alkartasuna ha considerado que Podemos <<demoniza» el independentismo de EH Bildu y ha advertido del centralismo español que le aleja de Euskal Herria» y que muestra la verdadera cara del partido de Pablo Iglesias.>> (Fuentes de Naiz info)

La estrategia política de los partidos "Constitucionalistas Españoles" contaminan también a PODEMOS y éste también cae en esos tics de los partidos centralistas que demonizan a la IA En un artículo de su Web EA dice que «Así que en plenos preparativos de la próxima campaña, nos preguntamos si no seremos los abertzales de izquierda los que mas interés tenemos en el cambio en las estructuras del Estado»

Lógicamente priman mas las cuestiones de estado que las ideológicas; Podemos es centralista al igual que el PSOE y el PNV es autonomista. Llegarían a un entendimiento con PNV sobre la territorialidad vasca y un nuevo estatuto mas avanzado, para que no ocurra lo de Catalunya, en esto el PSOE y el PP posiblemente estarían de acuerdo.

Respecto a lo demás se repartirán las carteras según la cantidad de votos y habría algunas pequeñas reformas sociales, pero se quedarían en eso solamente, en reformas. Podemos puede ser la segunda fuerza política y la IA la tercera. Pero no podrá desplazar al PNV del poder si no cuenta con la IA y creo que esto no va a ser posible por que la IA va a por la soberanía plena y a Podemos tampoco le interesa ir junto a la IA, por el "lastre" de la violencia que aún no se ha resuelto en Euskadi y a la que siempre se le carga la mochila a la IA . Y eso frente al resto del estado a Podemos les restarían votos por que la derecha lo utilizaría como arma arrojadiza. El próximo gobierno vasco podría estar compuesto entre PNV, Podemos y el PSOE. También entre PNV y PSOE pero lo deseable para los intereses del pueblo mejor sería PNV. Podemos y EH-Bildu para ir conformando un camino hacia un nuevo estatus de país elegido democraticmente por todos/as l@s ciudadanos/as vascos/as..

El 1 Mayo es día de Reivindicación Obrera y no de la madre. Aunque coincida al efemérides.

¡De como el Capitalismo corrompe una fiesta de reivindicación obrera en otra consumista y religiosa!

"En el Congreso Obrero Socialista de la Segunda Internacional, celebrado en París en 1889, fue adoptada esta fecha como una jornada de lucha reivindicativa y de homenaje a los Mártires de Chicago" Fuente Wikipedia

Estos sindicalistas (Saco y Vanzetti) de origen anarquista fueron ejecutados en Estados Unidos con un juicio celebrado sin garantías judiciales por participar en las jornadas de lucha por la consecución de la jornada laboral de ocho horas, que tuvieron su origen en la huelga iniciada el 1 de mayo de 1886

Cómo sabe el capitalismo pervertir un día de reivindicación obrera en un día mas de consumismo. Utilizando a la mujer de una manera descarada e inmoralmente (En éste caso emocionalmente la imagen de la Madre) para sus fines perversos y su beneficio. Económico consumista des-ideologizando y desvirtuando esta "fiesta" (En realidad es un día de huelga) de los obrer@s. Con la ayuda descarada de la religión y los secuaces y esbirros del aparato del estado con todos sus medios de comunicación prensa, radio, Tv, etc. Y vemos sus efectos en una masa de obedientes alienad@s que caen en el juego y felicitan a las madres consumiendo regalos haciendo el juego al sistema. La fiesta de la "Virgen" siempre fue establecida por la religión católica el 9 Noviembre hasta que siniestramente con premeditación y alevosia lo cambiaron intencionadamente para que las masas ignorantes vayan perdiendo su identidad de clase y no recuerden en un futuro el verdadero origen de ésta "Fiesta".

"El consumismo libertario no es lo mismo que el comunismo libertario"

La UE y las concesiones políticas a Turquía

Las principales concesiones políticas se llaman PETROLEO!! El mismo petróleo robado por el EI y comprado por Turquía. Todo ese dinero ira a parar al EI para compras de armas que se las venderán los países occidentales a través de redes oscuras de terceros países para que el EI siga matando. Si queremos parar la guerra hay tres factores; No comprar petróleo de contrabando, no vendiendo armas a países que se sabe que comercian con el EI, no comprar obras de Arte robados por el EI y confiscando el dinero de los bancos con los que trabaja el EI a través de Testaferros legales. El EI ingresa cada día dos millones de euros de todas éstas actividades y de otras como los secuestros rápidos, tráfico de drogas, niños esclavos, prostitución, tráfico de armas que venden a traficantes africanos para grupos terroristas como Boko Haram, AlQueda del Sahara y otros grupúsculos "guerrilleros" islamistas radicales, mafias de los diamantes de sangre y del Coltán que actúan en los países subsaharianos y centroafricanos.

La UE no sabe qué hacer con éste "problema" de los refugiados ni con el ISIS EI por que esta muy claro, cada país tiene intereses diferentes (Muchos de éstos países venden las armas y compran el petróleo del EIS a través de Turquía que van a parar al EI) y acude a una política de escapismo y de huida hacia delante aumentando a largo plazo aun más el problema. Si los ciudadanos de la UE no se movilizan frente a sus inútiles políticos no podremos resolver ni una décima parte el "problema de los refugiados". Desgraciadamente son las O.N.G.s las que más dan el callo y ponen la cara para salvar vidas humanas en el Mediterraneo a pesar de las dificultades que les ponen otros países para desarrollar éste trabajo. Italia es la que mas implicada esta para salvar vidas mientras los demás utilizan a los refugiados para desarrollar campañas racistas y reaccionarias para conseguir votos y auparse al poder. Caso de Hungría, Dinamarca, Finlandia, Austria y también Reino Unido. El Brexit es su consecuencia mas sangrante. El discurso fascista se esta extendiendo cada vez mas por Europa y ya en el Parlamento Europeo tenemos una extrema derecha muy importante. (Liga Norte italiana y el Frente Nacional francés, etc.) un porcentaje equivalente al 20% de los diputados de la Eurocámara, cada uno con una concepción política distinta pero coincidentes. Los atentados de Paris, Bélgica, etc. han puesto de manifiesto que la UE sólo es una unión de banqueros, negociantes corsarios de UK (Donde se guarda el dinero del EI) y otros especímenes a los que sólo les interesa el Capital. Hay mucho negocio en juego con el ISIS y las estrategias de poder entre Rusia y Los países de la O.T.A.n.

La poca eficacia policial es debido a que no existen políticas de seguridad conjunta en la UE por que cada estado guarda para si celosamente sus conocimientos de información policial y formas científicas de investigación y no las quieren compartir, La unión europea de los pueblos y los estados no existe.

La única política que existe es el ajuste del euro a los países pobres como Portugal, España, Italia, Irlanda, Grecia........Para que otros como Alemania y Francia se enriquezcan. Para lo demás no existe la política, el parlamento europeo no sirve de nada excepto para mantener calientes los bolsillos de los/as que ocupan con sus culos los asientos y hagan sus chanchullos particulares.

El reciente Brexit

El reciente referéndum del Brexit inglés así lo corrobora ¿Habrá mas estados europeos que se cuestionen la unión Europea? ¿Se replanteara otro modelo distinto de unión europea distinto a los planes de Merkel? ¿Se quedara Alemania sola con los países pobres –Portugal-Italia-España-Rumania-Polonia-Hungria, etc. en la UE? Vivimos en un momento histórico, el tiempo nos dará las respuestas.

"El PP utiliza la cuestión vasca como un elemento más para conseguir votos"

El enjuiciamiento de los mas de 47 vasc@s que "pertenecen o colaboran" en grupos de apoyo y solidaridad con l@s pres@s vasc@s a los que se les acusa de ser del "Entorno de ETA" es otra prueba mas de como hacer rentable una situación que el Gobierno del PP no quiere resolver. Aparte de las presiones de las asociaciones como COVITE, AVT y partidos de ultraderecha como VOX, Asociaciones sindicales policiales, etc. Para que no se llegue a ningún acuerdo de paz y se resuelva el tema de los presos y la entrega de armas, aun existe en el PP el espúreo uso de usar aun a ETA como un elemento más en sus campañas políticas electorales como estrategia de partido para ganar votos.. Si no, no se comprende en Europa éste empecinamiento del Gobierno español en encerrarse en sí mismo enrocado y seguir usando a ETA como si aún mantuviera la actividad armada o la situación política en Euskalherria siguiera siendo la misma de hace cinco años.

La reciente reunión de Otegi con el primer ministro de Irlanda -Implicado en el proceso de paz de Euskadi- Trataron sobre éste tema ante el asombro general de éste sobre como el Gobierno Español trata la cuestión de la resolución del conflicto vasco. No es de extrañar que el gobierno español se revuelva en sus despachos, han mentido tanto en Europa sobre el problema vasco que ahora temen que se les caigan los castillos de naipes construidos durante tantos años.

Ya estamos acostumbrados con el gobierno del PP al circo mediático con sus políticas propagandísticas en los medios de comunicación cuando se acercan las elecciones generales a veces seguidas de grandes montajes y redadas sobre miembros de la IA a los que siempre acusan su relación con ETA y de ser dirigidos por éste grupo armado, para ser detenidos y encarcelados - Hace poco el partido de extrema derecha

VOX denuncio a Otegi aduciendo que hacía apología del terrorismo por los platós de las televisiones- y de esa manera quitarse un oponente político muy serio en sus intereses estratégicos políticos en Euskal Herria   - Que luego todo queda en papel mojado- para de esa forma contentar a todos los grupos de la extrema derecha y de los mencionados mas arriba y dar una imagen a sus votantes de su empecinamiento político y firmeza en seguir negándose a hacer frente a esa realidad que en Europa no comprenden y seguir con la actitud de la política del Avestruz.

Laura Garrido "El PP siempre estará al lado de los que defienden los DD.HH."

"La IA (Izquierda Abertzale) tiene que hacer una Autocrítica sobre su apoyo a la violencia de ETA"
"Las Víctimas del Terrorismo tienen que tener un trato Prioritario distinto al resto de las Víctimas"
Laura Garrido

Acabo de escucharlo en el programa de El Parlamento en las Ondas de Radio Euskadi. Pues bien si el PP defiende los DD.HH. y esta al lado de los que han sufrido la vulneración de esos derechos humanos durante el conflicto vasco ¿Por qué hace diferencias de violencias entre los que sufrieron la violencia de ETA y los que sufrieron la violencia del estado? Su argumentación es que; La organización Euskadi eta Askatasuna quería imponer por la violencia y eliminación de las personas sus fines políticos. Por lo tanto la pregunta es ¿Acaso el estado español en su versión del Franquismo no quería imponer por la violencia y eliminación física de las personas sus fines políticos? ¿Acaso el estado español en su versión "Democrática" no sigue utilizando la violencia contra todos/as l@s Independentistas vasc@s que disienten de su ideario político de la unidad de España como patria indivisible?

Cárceles a políticos, sindicalistas, periodistas, organizaciones políticas y grupos de solidaridad con l@s pres@s vasc@s , periódicos, radios, abogados defensores de presos políticos, etc.

También impuesto por las armas de su ejercito y demás aparatos represivos de que dispone el estado ¿Acaso aún no siguen los malos tratos y torturas en los centros de detención? ¿Acaso no se están vulnerando derechos de los pres@s políticos manteniéndoles en cárceles alejadas de sus familias, amigos/as y otr@s y con sus "Leyes" condenadas desde Europa por vulneración de los DD. HH. Al estilo de la Ley Parot y con sus políticas penitenciarias represivas? ¿Acaso no se están vulnerando los derechos de los presos políticos enfermos que deberían de estar en la callé? ¿Acaso no se están vulnerando las Leyes de los DD. HH, con sus políticas sociales donde la gente tiene que vivir en la calle por los desahucios, donde a la población les han quitado servicios sociales como la Ley de Dependencia o derechos políticos como la Ley Mordaza? ¿Qué entiende la Señora Garrido sobre DD. HH.? Por donde debería de comenzar es por su propio partido podrido,

… las leyes y acciones que realiza su propio gobierno del PP. Entonces me creeré lo que dice mientras tanto sus palabras me resultan de pura hipocresía.

Otras de las frases *"La IA aun debe de realizar una autocrítica por la violencia de ETA y el apoyo que tuvieron de las organizaciones de la Izquierda Abertzale a las acciones armadas y a la violencia de grupos afines a la misma"* Señora Garrido ¿Acaso el estado y los criminales del Franquismo han hecho autocrítica del horror causado en el pueblo vasco? ¿Acaso el Estado español durante el período de las acciones de ETA y después no ha realizado abusos de poder y violencia? ¿ha hecho autocrítica? Todo lo contrario con el compincheo del PP y el PSOE no ha hecho otra cosa que dificultar, ocultar y poner piedras a todas las investigaciones para aclarar todos los hechos durante la época franquista y la época "Democrática" con los GAL, Batallón Vasco Español y otros hasta el fin de las acciones armadas de ETA. Aún el pueblo vasco espera resolver la cuestión de la pacificación, entrega de armas, reconocimiento de todo tipo de víctimas sin clasificaciones de grados, el fin de la dispersión de los presos/as vasc@s

Y su acercamiento a nuestra tierra y como no las disculpas, reparación y reconocimiento del estado español sobre el daño causado en nuestro país Euskal Herria, Señora Garrido déjese de falacias y si quiere ser creíble comience por su casa.

Tiempos de cambios

"Para ellos todo era ETA, incluso ser nacionalista del PNV tenia la sospecha de ser ETA"

Hasta hace poco y ahora a los Independentistas nos llamaban de todo; etarras, asesinos, fascistas........... Ser de Izquierdas y abertzale, aunque fueses militante de un partido como Aralar o EA era ser de ETA, ser vasco ya era sospecha de tener algo que ver con la violencia y el "Terrorismo" La derecha tenía el derecho de insultar impunemente a los que no comulgábamos con su "Democracia" de chiringuito Pero entre ellos mantenían lo del "Políticamente correcto" por que entre ellos se tapaban sus propias porquerías Mientras aplicaban sus leyes para autoprotegerse contra los escrach´s, manifestaciones públicas, protestas por desalojos e injusticias, recortes sociales y derechos políticos, leyes contra los insultos a su "Honor" leyes mordaza para condenar a la opinión pública contraria a su pensamiento único Ha llegado la hora de llamar a cada uno lo suyo y dejarse de tanta "hipocresía educacional" Ayer Pablo Iglesias me sorprendió y lo demostró en el hemiciclo en su discurso radical.

En las Cortes llamando a cada uno lo que era y eso ha hecho que comience a respetarle políticamente un poco más aunque no comparto ideológicamente todos sus planteamientos políticos. El que mencionara a la Guardia Civil no fue de mi agrado por que todos en mayor o menor medida hemos conocido lo que aquí en Euskal Herria ha sido su proceder y si no les llega el presupuesto para chalecos antibalas a mi me la suda.

Como anarquista abertzale estoy a favor de la independencia de mi pueblo pero sin estado o como tal se entiende el estado actualmente.

Es hora de hacer política de verdad, es hora de remover, batear, agitar, arrinconar al enemigo utilizando sus propias armas; Medios de comunicación, Redes Sociales, Denuncias masivas sobre su corrupción, presionar a los periodistas para que no manipulen ni desinformen, obligarles a tener un código deontológico de prensa, etc.

Las organizaciones políticas de la IA e Izquierda vasca en general adormecida deben de dejar su inactivismo político de masas y salir a agitar la calle, la fábrica y todo aquello donde se mueve la clase trabajadora en todas las vertientes y tipos de empresas.

Hay que despertar también las Universidades como en el 75 los centros de formación, los institutos .. El parlamento vasco es para lo que es y la calle es para actuar. Si realmente queremos el cambio esta se producirá con el movimiento centrarse sólo en el institucionalismo adormece y retrasa los cambios sociales.

Perdida de identidad de clase

HOY MAS QUE NUNCA ES URGENTE RENOVAR LA CONCIENCIA DE CLASE OBRERA!!

-Respuesta a un debate de lectores en Deia donde me decían que el discurso Marxista y Libertario de las diferencias de clase están superadas y que mi discurso es decimonónico-

"La necedad de los individuos hace mas fuerte a los opresores"

La miseria de la Democracia burguesa es hacernos creer que todos somos libres e iguales y que podemos ser tan ricos como la oligarquía capitalista neoliberal que hoy en día gobierna el mundo. Esta falsa ilusión es alimentada con la creación de las Clases Medias es la que en parte ha desmovilizado totalmente a esos mismos trabajadores/as que han perdido su conciencia obrera -con la connivencia de partidos como PCE de Carrillo y PSOE y sindicatos UGT, CCOO y otros que firmaron con Suárez el Pacto de Toledo- por que se han vendido totalmente al capital por un miserable plato de lentejas. Las desigualdades sociales hoy en día han vuelto a crecer de una manera desorbitarte y negativamente para las clases trabajadoras y la sociedad en general llegando hasta máximas de los principios del siglo XX donde las conquistas obreras consiguieron tener derechos sociales, sindicales y políticos que hoy en día el Capitalismo neoliberal ha vuelto a derrumbar. Hoy en día conocemos la verdadera cara del Capitalismo; Contratos basura, derechos sociales y sindicales abolidos en connivencia de los mismos sindicatos mayoritarios como CCOO y UGT,. Privatización de la Sanidad, La Educación, La Energía - El Bienestar social en su conjunto- Trabajos de esclavitud con sueldos de miseria, Esclavitud de trabajadores del tercer mundo como en la India, Pakistán, China, países africanos como Marruecos y en el mismo país de origen (España) donde grandes firmas fabrican sus productos con una mano de obra barata explotados en condiciones miserables, Creación de Guerras en Países de ese tercer mundo -Creando organizaciones terroristas- para el control geoestratégico y de materias primas, etc. El caso de España es más patético aun por que sus dirigentes mayoritariamente corruptos, así como esa corrupción se da también en medios patronales.

Desgraciadamente la corrupción es endémica como si de una enfermedad se tratase. El colaboracionismo de éste gobierno con los grandes intereses de grupos del IBEX, Multinacionales y la Patronal en general y también el colaboracionismo en las políticas diseñadas por países imperialistas como USA, Alemania y Francia formando parte de la OTAN y así podríamos citar otras cosas más.

Un país donde existen mas de tres millones y medio de parados, la mitad de la juventud sin futuro y con otro casi millón y medio de jóvenes que emigran a otros países para desarrollarse en sus diversas carreras y mejorar sus vidas es un país condenado a la miseria, al atraso y con un porvenir totalmente negro. El único recurso que les queda al empresariado español para subsistir - un empresariado mayoritariamente atrasado, decimonónico, caciquil, cutre, patriarcalista y filo-fascista incapaces de adaptarse a una economía global- son los emigrantes de los países del tercer mundo que aceptan salarios de esclavos y trabajan en condiciones míseras sin apenas derechos sindicales y sociales por pura necesidad. Y el resto de los naturales del país si quieren trabajar tendrán que aceptar esas condiciones de trabajo. Esa es la miseria del sistema capitalista.

Y la miseria de la propia democracia burguesa española que crea esa división de clases sociales en ricos, clase media –Obreros de alto standing que trabajan en empresas de investigación I+D+I, cooperativas, empresas del Ibex, Bancos, Transporte marítimo y del aire; Capitanes y Pilotos, Controladores aéreos y otros grupos laborales, Funcionarios, Abogados y demás profesiones liberales y algunos comerciantes de empresas grandes, Pymes- y después esta esa proletarización de la sociedad que trabaja por sueldos de 500,600,800 ,1000, 1200, 1500 euros (Que son sueldos de nivel de pobreza) formado por ; Trabajadores de Hostelería, Construcción, Metal –subcontratados- Peones de todas las ramas laborales, Autónomos, Pequeños comerciantes, Periodistas y Medios de comunicación Social, Autónomos, etc. Si de nuevo no adquirimos la conciencia de clase obrera estamos condenados todos y todas a vivir miserablemente. No hay mayor tont@ que aquél que vota a partidos de derechas siendo un/a obrer@

¡¡Desobedeciendo las Leyes se conquista La Libertad!!!

.... Corrían años del final fascista, los corazones estaban plagados de emociones. Todo el mundo salio a la calle, el Arenal de Bilbao estaba a rebosar de gente, un viento de libertad se levantaba en el ambiente. Se fue organizando la cabecera de la manifestación y partimos hacia el Ayuntamiento. Aparecieron los grises pero no cargaron, pedían por sus altavoces que no bajásemos a la carretera y que circulásemos por la acera, pero aquello era imposible, había demasiada gente. Los grises intentaron forzar a apartarse de la carretera y la gente se apiló peligrosamente empujándose. El miedo hizo mella pero no surgió el pánico. Mucha gente gritamos a desobedecer órdenes y l@s mas osad@s comenzamos a salir a la carretera y bloquear a la policía empujándoles con nuestros cuerpos. Ellos no sabían qué hacer, estaban desorientados y al final se echaron hacia atrás. Marchamos hacia el Ayuntamiento y subimos hacia la Plaza Circular, estaba tomada por más policía y era imposible subir a la Gran Vía, rodeamos la estatua de Lope de Haro y

bajamos de nuevo hacia el Arenal. Cuando
llegamos alguien leyó algo por un altavoz de
mano pero apenas se le escuchaba ¡El Grito
de Presoak Kalera Amnistía Osoa! Tronaba
en el Arenal.   La libertad no se pide, se
conquista!

2016 Paz y violencia

Reflexiones sobre los últimos acontecimientos ocurridos en Euskalherria

(Siguen las detenciones al igual que en los tiempos de la violencia)

El PP no desea la Paz!! Necesita de ETA para su propia supervivencia -ya que no tiene nada más que ofrecer- como coartada para esconder sus políticas Neoliberales Salvajes y Capitalistas. El PP durante éste conflicto ha hecho una política de Avestruz y una de huida hacia delante lobotomizados por las asociaciones de Víctimas del Terrorismo que se han erigido como cabezas dirigentes del estado y que los diversos partidos de los gobiernos de España se han aprovechado para sus fines políticos-electorales y para la misma cohesión política del PP y ahora se les cae su Castillo de Naipes y con su miedo al desastre reaccionan con más represión, detenciones y encarcelamientos de personas que defienden esa paz para calmar a su sector Fascista. Esta política de Necios hace que los de Covite ya estén pidiendo la cabeza de los señores Mediadores de paz Internacionales criminalizándolos, que haya tipejos como Carlos Iturgaiz que se le va la cabeza más allá de la locura. Con un enfermizo paroxismo, hasta llegar a la histeria patética pidiendo la detención de los Mediadores de Paz y su expulsión del País. El Axioma mas que cacareado de que se disuelvan y entreguen las armas es una auténtica falacia puesto que si el gobierno español y el Francés no se implican, tendrán que entregar las armas a la "China" y disolverse, por que si no a ver que hace ETA -también la actitud de Francia no es normal, ya que las armas y explosivos de ETA están bajo su territorio- seguramente después de la disolución pedirán que se entreguen todos los militantes de ETA clandestinos.

T también los liberados, los legales, los refugiados, los simpatizantes, los Familiares de los Presos y todos los dirigentes políticos actuales y anteriores de la Izquierda Abertzale, los periodistas, escritores, músicos y demás tipos de artistas que apoyaron la causa independentista y todos los votantes de HB, BATASUNA y BILDU ¿Habrá cárceles para todos/as?. Necesitarán crear argumentos para seguir viviendo de eso que ha dado tantos beneficios de votos y económicos con la industria de guerra para combatir el terrorismo durante todos estos años a los diferentes gobiernos españoles.

Con ésta nefasta actitud del PP y su pueril política represiva lo único que conseguirán es contribuir a dar todo el protagonismo de la Paz a ETA, convertirles en Héroes ante el pueblo vasco

Y en consecuencia que los próximos votos abertzales aumenten y el PPEuskadi se quede reducido a un grupúsculo disminuido de personajes del cine cómico español en su versión patriotera histriónica por la fuga de votos a partidos como C´s, VOX y UPD. Esta claro que el PP sólo quiere la paz de la venganza al igual que en el Franquismo –su pariente más cercano- Donde la única paz que existía era la Paz de los muertos.

Un día de Huelga y nada mas?

ELA convoca la Huelga para el próximo Jueves 30- 2013 para reivindicar los derechos de los trabajadores/as Se unen LAB y diferentes Organizaciones Sociales. Hasta aquí bien pero donde están los Parados? los Excluidos Sociales? Quién realmente aglutina a toda esa gente? Cuales van a ser las acciones que se van a realizar ese día? ¿Huelga en las Empresas, en la Enseñanza y el Comercio así como la Hostelería? y luego una manifestación? Con eso creen los Sindicatos y organizaciones Sociales que lo hacemos todo? No sería más factible ir dinamizando una estrategia conjunta para ir concienciando a la ciudadanía para que se empiecen a movilizar contra los recortes de Derechos Sociales conseguidos a base de mucho sudor y sangre por la clase obrera desde finales del siglo IXX hasta hoy? De que éste Capitalismo Neoliberal terminará con todo y terminaremos siendo unos/as esclavos/as del sistema? No habría que empezar a moverse y a dinamizar movilizaciones generales, campañas, acciones todos los días del año? No habría que empezar a replantear nuestro sistema de vida en la que la clase obrera que tiene puestos fijos, que son privilegiados/as frente a esa otra clase obrera que vive de contrato al día y los Desempleados/as que algunos/as jamás volverán a trabajar de nuevo

Y que se les expulsa a la "Indigencia" sostenida por organismos LANBIDE, Diputación con una limosna como la RGI. Que quizá alguna gente no trabaja por que hay privilegiados que no rehúsan las Horas Extras para que se pueda crear puestos de trabajo que esos/as trabajadores/as no tienen conciencia solidaria con los demás? No habría que replantearse que Los Financieros no deben de controlar el poder político, por que esto crea corruptos? Son muchas las preguntas.

¿Que deberíamos de hacer para que a la clase trabajadora se le vuelva a tener miedo? Principalmente primero; La Unidad Sindical, Segundo; La Unidad de todos los partidos de Izquierda, Tercero; Volver a tomar conciencia de lo que significa la Solidaridad y la unión de los/as Trabajadores/as. Apoyar todas las luchas de la clase trabajadora cuando surgen conflictos en los diversos sectores de la producción y Servicios, etc. Apoyar, fomentar y dinamizar movilizaciones por cuestiones sociales como los Desahucios, La merma de las garantías de los Servicios Sociales, los Pensionistas, la Sanidad, la Enseñanza. La acción global es la que realmente es la eficaz, las acciones individualistas o solitarias en la que algunos obreros/as se encuentran en su lucha solos/as, ejemplo cierres de empresas que tienen beneficios

....y quieren irse a otro lado, INASA de Nabarra y otros muchos más, deben de tener una respuesta solidaria conjunta de todos los sindicatos y partidos que se llaman de izquierdas.

Mientras exista división sindical, en la que unos llevan el suplemento de SINDICATO de Euskadi pero que obedecen a directrices externas de nuestro país y los sindicatos Nacionales de Euskal Herria que a veces andan dando tumbos obstaculizando e interrumpiéndose entre si, siempre nos ganará por la mano el Capitalismo, por que éste no tiene divisiones internas; Las grandes corporaciones, los Patronos/as y Empresarios/as caminan todos en la misma dirección, ganar más y reducir lo máximo los gastos de producción entre ellos los sueldos de los trabajadores/as. Utilizando la excusa de la productividad nos engañan con el miedo del cierre y hay sindicatos que aceptan ese juego negociando condiciones de trabajo a la baja, para mantenerse en sus poltronas financiadas con el dinero del Estado.

Negociando en representación de todos/as los trabajadores/as cuando éstos no representan a los trabajadores/as Vascos/as ni tampoco a los de la Península Ibérica. Se han convertido en el sustituto del Sindicato Vertical Franquista.

La patronal Vasca acepta y aplaude hasta con las orejas la Reforma Laboral del PP, así puede hacer y deshacer las condiciones de trabajo como le venga en gana ¡No olvidemos que los Capitalistas nunca renunciarán a disminuir sus beneficios, si no que lo contrario! El Capitalismo Neoliberal Salvaje que se ha instalado en la actualidad es un lobo que devora todo lo que se le ponga por delante. No dudará en usar la violencia para conseguir sus fines, el Estado es su instrumento principal.

Quién se crea esta Democracia burguesa como la mejor opción de libertad del mundo ¡Esta equivocado/a! por que a ésta democracia le falta precisamente eso ¡LA DEMOCRACIA! Y esa democracia es el poder del pueblo.

La Democracia burguesa disimula la Lucha de Clases haciéndonos creer que todos tenemos los mismos derechos y oportunidades de vida para hacernos ricos/as y vivir bien ¡Es una auténtica falacia! Por lo tanto ya tenemos otro quehacer más. Volver a Instaurar la Democracia con unos políticos que sirvan al pueblo y no al capitalismo. El pueblo debe de controlar el poder y la democracia se debe de instaurar desde abajo, Empezando a controlar a los dictadorzuelos de los Ayuntamientos, pequeños reyezuelos que se instalan en la poltrona y se tiran años en él, de ahí a las Diputaciones provinciales y al parlamento después. Esto se llama Socialismo.

La huelga era en su tiempo el instrumento más poderoso de la clase obrera, a veces duraban meses y existían las cajas de resistencia. Hoy en día es menos eficaz por que esta domesticada y es legal pero también imprescindible, pero a eso deben de sumarse otro tipo de acciones desde la toma o Scrach a las sedes de la Patronal, hacer Scrach al parlamento, Tomar las fábricas cuando se intentan cerrar o se despide a obreros/as . Scrach a las sedes principales de los Bancos que Desahucian, Defraudan, Roban descaradamente sus dirigentes, Realizar acciones simbólicas de toma de Centros de recursos Humanos para desempleados (LANBIDE, INEM) Y no olvidemos sobre todo las movilizaciones en la calle. Ir al parlamento a debatir políticas económicas que casi siempre los diseña el Capital no es suficiente. Políticas Sociales, Leyes de índole casi siempre represivos y regresivos y otras políticas más, Casi siempre en contra de los intereses del pueblo. Cuando hay una masa social detrás reivindicando otras formas de hacer política, otras maneras de vivir, otro sistema político como el Soberanismo. Es cuando realmente la verdadera Democracia funciona. Y ese trabajo es un trabajo que hay que volver a desarrollarlo de nuevo como en sus tiempos la lucha antifranquista.

Es un trabajo de los Sindicatos, Partidos políticos, Organizaciones Sociales, Agrupaciones Deportivas, Movimientos juveniles, Txokos, Barrios, Asociaciones de todo tipo, etc. No es sólo ir a votar cada cuatro años para que las mayorías de derechas hagan lo que les viene en gana. Es necesario despertar a esa masa de gente adormilada, alienada y adocenada. Así si nos tendrán miedo.

¡Proletarios de todos los países uníos!

Maiatza 30 Greba Orokorra - Huelga General 30 Mayo-2013

Carta abierta a los sindicalistas, partidos políticos y movimientos sociales

Llevo de Huelga 12 años sin un trabajo estable y me busco la vida diariamente!! ¿Donde estabais cuando los sindicatos europeos convocaron una huelga? ¿Sin acción global y unidad sindical siempre nos vencerá el capitalismo! Y el Capitalismo esta en todas partes del Mundo, no solo en Euskal Herria!! Aparte de una Huelga hace falta más activismo social en las Fábricas y demás lugares de trabajo, en la calle para despertar a l@s ciudadan@s la conciencia de la realidad en la que vivimos. Hay que salir de las oficinas de los sindicatos a la calle a revoluciona, a menear la Olla del descontento social, Aglutinar todas las fuerzas de Partidos, Sindicatos, organizaciones sociales en un frente común contra el capitalismo salvaje neoliberal y contra los Políticos que defienden estas políticas económico-sociales. Mas acción y menos protagonismo partidista y sectaria. Mas reparto del trabajo con los desemplead@s, meter menos horas extras y repartirlas entre los parad@s .

Exigir el reparto de la Riqueza, subir los Impuestos a los Grandes empresarios y sistemas financieros, mas control del poder de la Banca- Hay que volver a concienciar a los trabajadores/as de la misma manera que en los años 60 en Euskadi para que los derechos conquistados incluso con sangre de obreros muertos no nos lo quiten con decretos ni leyes a los que CONFEBASK aplaude hasta con las orejas.

Si hace falta volveremos a los tiempos de las barricadas, los tiragomas y lo que haga falta. El sistema sólo entiende las protestas sociales cuando se les revoluciona su "granja" y es cuando se avienen con el miedo a negociar ¡Entonces los Sindicalistas seréis creíbles! Pues vuestra imagen esta por los suelos y la gente no os cree nada.

Una Unidad Sindical Dividida, entre nacionalistas Vascos y Nacionalistas Españoles deja mucho que desear para las conquistas sociales de la clase trabajadora que esta en todas las partes del Mundo. Se puede actuar solidariamente en conjunto, por ue los intereses son de la clase obrera. Os olvidáis de aquello de ¡Proletarios de todos los países, uníos!

Reflexiones de un desempleado

El PNV en el gobierno vasco 2012

Después de los resultados de las elecciones de Catalunya 2012 donde la cuestión identitaria quería tapar las políticas Neoliberales aplicadas por CIU y en la que la realidad ha puesto a Artur Mas en su sitio y que para gobernar tendrá que aplicar o retroceder en su política de recortes y hacer otra política económica distinta precisamente por tener al lado partidos como ERC u COP, etc. Partidos de Izquierda que han aumentado sus posiciones en el mapa electoral Catalán, me viene a la cabeza las elecciones vascas donde el PNV quiere gobernar en solitario, haciendo pactos con la Derecha del PP seguramente en política económica y en lo Social con EH-Bildu y seguramente con el PSOE otras.

La verdad que estoy decepcionado por que de nuevo vuelve a salir los intereses del partidismo y no los intereses de la Ciudadanía. No es éste el momento para partidismos ni el momento de taparlo todo con la cuestión Nacional y la búsqueda de la Independencia para Euskadi.

Primero; Por que los Intereses del PNV a corto plazo no son la Independencia si no que gobernar expresamente para los Intereses de la Patronal y la Banca Vascas.

Segundo; Por que la Independencia ahora a corto plazo no resolvería los problemas de Euskadi, si no que complicaría aun mas las cosas. Dado la situación y coyuntura económica mundial en la que nos encontramos ahora.

En mi opinión creo que es hora de Redefinir y rediseñar en primer lugar el tipo de economía que necesitamos para Euskadi, es hora también de rediseñar todo el país de nuevo y para eso necesitamos una unidad de acción de todos los estamentos que componen nuestro país; Gobierno Vasco, Diputaciones, Banca, Patronal, Sindicatos, Movimientos Sociales, Iglesia, Partidos políticos, Intelectuales, etc.

Tenemos que replantearnos todas las políticas económicas que se han hecho hasta ahora y las que podrían hacerse para salir precisamente de la Crisis económica actual,

Pero ello hecho de una manera justa y solidaria y no con políticas Neoliberales que desde el Gobierno central se nos esta imponiendo y que cuyos resultados se están viendo; Aumento de pobreza, Diferencias abismales de Clases Sociales, Desahucios, Paro, etc.

Es cierto que la economía vasca se disperso más en distintos campos de producción después de pasar otra crisis Industrial en los 70 y que a diferencia de España no se centró en el ladrillo

Si no que, aplico políticas de otros tipos de desarrollo e industria mas avanzadas y sobre todo en Investigación de I+D+I y Tecnología. Que toda la Industria Vasca no puede asimilar por su cuantiosidad

Pero ello no nos salva de ser arrastrados también por la crisis mundial y por el modelo económico que hemos mantenido hasta ahora en la que la mayoría de nuestra producción se exportaba a España y Países de Europa y Algunos de America y Asia. Hoy sobre todo estamos saliendo más hacia el extranjero buscando nuevos mercados. Lo cuál es perfecto pero tenemos que conseguir que otras empresas vengan a nuestro país y se instalen aquí y, que seamos atractivos para esas empresas precisamente para que esta juventud mas preparada que nunca no tenga que emigrar a ningún sitio y puedan vivir y desarrollarse en su propio país. para que otros Países no se lleven nuestra riqueza cualitativamente humana; Nuestros hijos que han estudiado aquí, No podemos regalar este Capital humano a otros para que ellos aumenten su riqueza y aquí nos quedemos como estamos. El dinero invertido en ellos/as tienen que revertir en nuestra economía nacional ¿Pero cómo conseguir esto? Si nuestra mano de obra es cara y hoy se busca que la productividad salga lo menos costosa posible y eso a su vez es un problema, a menos consumo menos volumen de economía ¿Tenemos que empobrecernos?

Quizá sí relativamente cambiando hábitos de consumo y formas de vida, cambiando la sociedad del "consumismo libertario" a otra sociedad de consumo responsable y sostenible por que de lo contrario nos empobreceremos de otra manera es decir, que habrá un aumento de pobreza, aumento de paro y aumento de la división social de clases. donde los ricos serán más ricos y los pobres más pobres. Pero el hecho de entender el empobrecimiento no es el que estamos describiendo, si no que también la Patronal y la banca en su voracidad de obtención de beneficios debe de "empobrecerse" solidariamente por cuanto la riqueza se redistribuya pagando más los "Ricos" para evitar precisamente esa brecha social que a largo plazo puede ser permanente y que traiga en consecuencia una conflictividad social que no nos beneficia a nadie.

Debemos con el esfuerzo de todo el mundo romper con el paradigma viejo que hasta ahora nos ha servido de modelo económico, social, etc. También en el campo ideológico aun estamos con la influencia del siglo decimonónico Bien en el modelo de Patronal paternalista aun y en viejos dogmas de sindicalismo que ha resultado obsoleto en éste nuevo tiempo donde los sindicatos cada vez tienen menos peso precisamente por que no han sabido adaptarse a los nuevos tiempos.

Otra de las razones es la desideologización de la clase trabajadora que ellos mismos se han encargado de desmovilizar Creo que el camino que esta impulsando el PNV en solitario es un camino de suicidio político por mucho pactista que quiera ser aparentemente. Debería de crearse un Gobierno de Concentración Nacional para salvar la economía de Euskadi y que junto con los demás agentes sociales, organismos, Patronal, etc. Que hemos mencionado antes pactar un modelo económico de desarrollo mas justo y solidario y que a largo plazo nos enriquezca a todos/as

Seguramente alguien me llamará iluso por creer que el Capitalismo será bueno con los Obreros, etc. Precisamente de eso se trata que a través de la movilización social encauzada por los Partidos de Izquierda vascos, Agentes Sociales y culturales y demás organizaciones, etc. Hagamos ver al Gobierno Vasco del PNV y a todos/as los Políticos y al "Capitalismo Vasco" que no se puede seguir con ese modelo económico y que es mas factible uno nuevo que construyamos entre todos/as y que sea un modelo a exportar para otras nacionalidades y Autonomías. Un modelo basado en la Justicia Social y en la que el pueblo también se responsabiliza de la buena trayectoria de su propia nación. Los/as vascos/as siempre hemos tenido la capacidad y tesón para salir adelante en momentos difíciles y evolucionar. Por esa misma razón es por lo que todos los organismo económicos y sociales deben de negociar, pactar, hablar, aportar, etc. Su granito de Arena para poder así salvarnos todos y todas en éste País de lo contrario vamos a la ruina. Una vez solventado la cuestión económica y afianzada nuestra nación dentro de la economía mundial, es cuando debemos de plantearnos el modelo de relación con el Estado Español; federalismo, estado asociado, independencia, más autonomismo, etc. Estoy seguro que la opción independentista posiblemente sea la más votada si es que España respetase una consulta sobre esto o lo permitiese.

Legalización de SORTU partido de la izquierda abertzale

¡De nuevo controversias con la caverna mediática!

El Lunes 9 Febrero 2011 se presentaron los Estatutos para la legalización de SORTU, el nuevo partido político de la Izquierda Abertzale. Yo tengo mis dudas de que lo legalicen pero soy positivo. Existe una estrategia de Estado para que el Nacionalismo o Independentismo esté en un plano minoritario o si pueden hacerlo desaparecer.

Con Sortu habría una amplia mayoría soberanista en la que PSOE-Pse y PP no volverían a Gobernar en Euskal Herria, .estando ellos en el Gobierno vasco "desarman" el Independentismo y el Soberanismo. El PP tiene todas las trazas de volver al poder en el Estado. Y su ideología es la uniformidad de eso que llaman España. Por lo tanto deduzco que por razones de estado, no se vaya a legalizar éste partido de la

Izquierda Abertzale, buscaran cualquier subterfugio para hacerlo. El PP ya exige que "Batasuna-Sortu" condene a ETA y su Historia, y aún si fuera así, luego Pedirían otra cualquier aberración más.

Y de ésta manera estaríamos más años con la misma cantinela. La estrategia del estado con el PP, sería la de presionar a la IA hasta su extinción aumentando la represión más que ahora, lo cuál traería en consecuencia la vuelta a la violencia, por que les es más rentable políticamente y electoralmente una situación de enfrentamiento violento con el estado y la división en todo el movimiento Independentista Vasco.

Aquí es cuando debemos de crear más lazos de unión entre los abertzales y movilizar a la población para que esto no vuelva hacia atrás. Si Sortu no se legaliza, debemos de salir a la calle a exigir al Gobierno Central su legalización. Y en caso que esto no se dé tomar una decisión tajante; No presentarse en las elecciones municipales, boicotearlas y denunciarlas por fraude al pueblo ¿Hasta ahí estarían dispuestos Aralar, EA y los demás partidos independentistas o soberanistas de Euskal Herria?

La IA ha tomado una decisión tajante después de un largo debate de meses, después de un análisis muy profundo de la situación actual de nuestra sociedad y de los cambios globales que se están realizando en el mundo, los nuevos paradigmas de civilización que están surgiendo y de la poca efectividad real de la lucha armada en un contexto político y social como hoy. La decisión de Batasuna no tiene vuelta atrás, es al Estado al que le toca decidir ahora. Si toma un camino democrático o sigue en su actitud de Democracia Orgánica heredera del Franquismo. Con su Ley de Partidos-Asociaciones políticas Franquistas.

..Las sociedades evolucionan, los partidos también. Todo ello es la consecuencia del llamado Problema Vasco. Tomar nuevas estrategias son necesarias y saludables para los avances de los pueblos y naciones. Hoy el mundo está cambiando a marchas forzadas y lo que no se puede es estar defendiendo postulados decimonónicos y métodos tercermundistas y estrategias revolucionarias del siglo IX, Ya que la historia ha demostrado que todas esas revoluciones de guerrillas, no han cambiado nada en el transcurso de la Historia.

Como decía Lenin; "sólo la lucha de masas es la que mueve y hace las revoluciones"

Aunque después salen Estalinistas que lo estropean todo; Stalin, Fidel Castro, Hugo Chávez, Daniel Ortega, etc. Ben Bella en Argelia, Nasser en Egipto etc.

La única "revolución" que triunfo en el siglo XX con el uso del terrorismo como método de lucha, fue la creación del Estado de Israel

Es posible que no se dé la Legalización. Si los propios partidos Independentistas Vascos son blandos en su respuesta; unos por miedo a perder sus privilegios y otros por no ser ilegalizados. Pues el estado actual saltándose la legalidad tal y como se la salta podría inventar cualquier subterfugio para ilegalizar a los partidos políticos que no le interesan Sólo una respuesta dura y contundente en la que no sólo movilicen a la sociedad si no que, con un plante audaz y firmemente ante el estado, con métodos pacifistas y no violentos (Dejando aparte la denuncia internacional de la situación) se podrá conseguir que la democracia triunfe en Euskal Herria y se recuperen derechos civiles (No olvidemos que todos los que estuvieron en el edificio de Euskalduna tienen derechos civiles) y libertades.

Para que un partido tenga derecho a presentarse a unas elecciones y asienta las bases dc sus cstatutos respetando una dudosa ley "democrática" como la LEY DE PARTIDOS POLITICOS (Copia de la ley de Asociaciones Políticas Franquista)

Tiene derecho a estar legalizado. Por que no se puede ilegalizar a un partido por sus ideas ni a las personas de ese partido que no han cometido delitos. Se encarcelaría a las personas pero no se puede ilegalizar el partido. Por lo tanto dar por supuesto como dicen algunos sectores de la caverna española, que Sortu fuese o vaya a delinquir, es faltar al primer derecho de las personas que es la presunción de inocencia , por que el que delinque verdaderamente aquí actualmente es el estado negando un derecho que ellos se han apuntado en su constitución. El estado esta delinquiendo y por lo tanto cualquier ciudadano, partido, grupo o asociación puede llevarle a los tribunales. En nombre de la lucha del terrorismo no se pueden vulnerar derechos establecidos en la constitución de una nación.

Nota: *Sortu fue legalizado en Marzo del 2011*

Gure erraietatik- desde nuestras entrañas

Desde nuestras propias entrañas y nuestras propias raíces debemos de construir una nueva euskal herria !! Estamos demasiado alienados por la Religión, por la cultura española, por la vida consumista del sistema capitalista y por la influencia de la "cultura" de la Globalización. Tenemos que limpiar nuestros cerebros de toda la alienación obtenida durante el transcurso del tiempo y volver a sentirnos orgullosos de ser vascos/as "aldeanos/as". Tenemos una cultura propia tan grande y tan importante como cualquier otra. Tenemos que volver a conocer nuestra antigua civilización aprender de ella y adaptándonos a los nuevos tiempos y nuevas tecnologías, con un desarrollo de un socialismo moderno volver a ser nosotros mismos.

El euskara y la cultura vasca debería de ser el motor que impulse eso y nuestra actitud de no acomplejarnos ante nadie. Tenemos que comenzar a realizar la revolución cultural vasca, conocer quien somos y de donde venimos, nuestra historia, literatura y todo lo demás pero sin dogmatismos ni doctrinas nacionalistas "sabinianas" Debemos reivindicarnos como vascos/as. .Y eso no se puede dejar para cuando seamos independientes, es precisamente realizando ésta revolución cultural que también es política, la que nos llevara hacia el camino de la Independencia. Repoblar un monte CON NUESTRAS ESPECIES AUTOCTONAS es una labor importante, pero tenemos que repoblar nuestras mentes de cultura vasca y actuar así como somos, vascos/as aldeanos/as no somos un pueblo inculto como los que nos llaman despreciativamente aldeanos por que no hablemos su lengua o no la queramos hablar. Ellos son los incultos por que no entienden las culturas de los demás e imponen su cultura imperialista como única y verdadera .Estamos corruptos por su mediocridad cultural —el nivel cultural y de enseñanza en España es de los más bajos de Europa- Perdemos nuestra identidad propia asimilando lo peor de la cultura basura consumista del capitalismo global Nos humillan, insultan, nos reprimen y estamos perdiendo nuestra propia autoestima vasca, tenemos que renacer, luchar y combatir contra todo esto. Volvamos a las "Cavernas" de nuestros antepasados virtualmente con nuestras mentes para encontrarnos a nosotros mismos/as en el subconsciente colectivo vasco arquetípico. vaciados/as de la alienación y regresemos de nuevo al presente - futuro actual. Empecemos a conocernos de nuevo. Conocer el origen de nuestras toponimias, nuestra historia, cultura e identidad. Nos tenemos que reeducar para educar a nuestros hijos en la cultura vasca.

Volver a leer los libros abandonados de las bibliotecas que hablan de nosotros y cuentan nuestro pasado, nuestras leyendas y cuentos, Conocer nuestro mundo cosmogónico ancestral para conocer el mundo de ahora. Empezar a crear con el pensamiento del euskara,

Es posible una nación vasca en la que se vea en la calle nuestro arte; la fuerza espiritual vasca, Las calles con nombres vascos, las tiendas con nombres vascos, las fábricas con nombres vascos, los bares con nombres vascos, mayor desarrollo de la música en euskara ¡ Esto es Euskal Herria no es España !! Gure zainetatik,erraietatik, biotzetik eta burutik euskaldunak beti !! Es hora de empezar a trabajar entre todos. Intelectuales, artistas de todo tipo, hosteleros/as, obreros/as, Empresarios/as, Políticos/as etc. Entre todos y todas volveremos a reinventarnos a nosotros/as mismos/as. A crear la Nueva Euskal Herria y entonces seremos imparables..........

El comunicado de E.T.A.y la política del avestruz

El PSOE dice que aun es poco y que tienen que entregar las armas y entregarse todos!!!

Esto es una auténtica aberración, ninguna organización armada del mundo se ha entregado jamás de esa forma cuando ha cesado su actividad armada. Creo que nuestros políticos pecan de infantilismo de catequista; Aquello de si eres bueno te dejamos hacer y si no, te condenamos al fuego eterno. Me recuerda al colegio cuando nuestros curas nos decían que si no estudiábamos nos iban castigar y teníamos que seguir a pié juntillas los preceptos de la moral cristiana de las reglas establecidas.

ETA no va a deshacerse a cambio de nada, es una organización con una larga trayectoria de lucha, Ni son unos Pardillos ni chavales inexpertos, solamente en el momento que se den las condiciones objetivas entre los partidos políticos vascos y el Gobierno Español y Francés para crear un marco político donde se pueda elegir el camino que debe de seguir el pueblo vasco o también las condiciones para un tratado de Paz definitivo. Será cuando ETA diga que desaparece como organización.

Mientras tanto no depondrá las armas ni las entregaran en ésta tregua indefinida. Como indicaron en el último comunicado hasta que se dé ese momento no habrá comunicado final y es lógico en una organización como ETA. Ahora toca a los política a tomar posicionamientos sobre ésta cuestión y no enrocarse en sus posiciones numantinas e inamovibles como ahora. No es ETA la que tiene que tomar la última palabra, también los otros. Ni seguir con el axioma de Batasuna=ETA, ni que Batasuna pueda entrar en las elecciones si ETA no se entrega, esto es una auténtica mentecatez . Creo que con Batasuna en las elecciones y en el Parlamento Vasco, se aceleraría la disolución de ETA. Pero el problema es ¿Quien tomará primero las riendas para que se mueva algo en éste País? ¿Quien va a proponer una mesa de partidos para solucionar el conflicto vasco? ¿Quién va a liderar eso? ¿Quien va a poner el cascabel al gato? Si los partidos siguen como hasta ahora y esperan que todo se solucione por medio de la represión y policialmente y se enrocan en que ETA es la culpable de todos los males, y que la normalidad es que ésta desaparezca sin resolverse el conflicto vasco. o pecan de ingenuidad, o son unos auténticos inútiles, o nos toman por imbéciles al pueblo, o no les interesa en absoluto que ETA desaparezca por que les es rentable políticamente. Lo cuál seria una tremenda irresponsabilidad por que traería más dolor a ambas partes de los actores de éste desangrante conflicto.

Creo que la sociedad, tiene que tomar las calles para exigir primeramente al Gobierno Español que de una vez por todo acabe éste conflicto de una manera racional, políticamente y democráticamente. Secundados por todos los partidos de ámbito vasco, para que se muevan de una vez para la resolución del Conflicto Vasco y no sigan con la política de avestruz escondiendo la cabeza por intereses partidistas. Es necesario ir creando un escenario de Paz entre todos, por que de lo contrario seria entrar en un Túnel negro sin fondo.

Nota: *La organización **Euskadi Ta Askatasuna (ETA)** realizó el **anuncio del cese definitivo** de su actividad armada el 20 de octubre de 2011.*

El nacionalismo burgués y el naci onalismo revolucionario

¡¡proletarios de todos los países, uníos!!

Normalmente las Izquierdas españolas acusan a la Izquierda Abertzale de ser Nacionalistas, sectarios e Insolidarios, argumentando y usando el Internacionalismo Proletaria como arma ideológica.

Voy a disertar sobre éste concepto

Los Nacionalismos empezaron a surgir mayoritariamente a últimos del siglo XVIII y el XIX con la formación de los estados cuando comenzó la industrialización. El concepto del origen de los nacionalismos al principio se basaba en las cuestiones de las Identidades de pueblo, conceptos de raza, lengua, cultura, etnia –El Nazismo añadió el Nacionalsocialismo y ya tenía la sopa hecha- Las Burguesías locales utilizaron las identidades culturales de los pueblos para crear una identidad de Patria, Nación, Estado. Pero en realidad era la estrategia para que el Capital tuviera su ámbito y territorio propio de explotación de los trabajadores de todo el

Planeta Y para en el futuro seguir expandiéndose económicamente por sus antiguos Imperios y por territorios nuevos de conquista.

El Nacionalismo Vasco Burgués que fomenta la Independencia Nacional cultivando precisamente esos valores al principio de su Nacimiento con Sabino Arana y ahora con el principio de crear su Feudo Propio para enriquecerse y explotar a su mismo pueblo con una cara amable de socialcristianos. Y si este no le interesa para defender su posición privilegiada lo traicionará y realizara sus políticas de empleo; traerá a inmigrantes de otros pueblos para lograr sus fines, para pagar sueldos de miseria, creará empleos precarios y con pocos derechos sociales, laborales y sindicales –con la desaparición de los convenios colectivos por ejemplo- con convenios personales con los trabajadores donde se fomenta la desigualdad y se potencia el favoritismo y el clientelismo. Esto es lo que empieza a suceder ahora mismo en Euskal Herria.

A los Nacionalistas Vascos sólo les interesa el Capital y no la identidad nacional, ni su cultura, ni el euskera, solo lo defienden hipócritamente ¿Cómo pueden defender los intereses nacionales cuando abogan por incluir Euskalherria en la TTIP-Tratado Internacional para el libre comercio en Europa, cuyo origen esta en USA? Y ¿Cuándo aplauden con las orejas permitiendo que las grandes cadenas comerciales se instalen en Euskalherria arruinando el comercio local? ¿Apoyando a las franquicias que venden productos basura baratos – muchos de ellos de trabajo de explotación de obreros/as de países del tercer mundo con salarios miserables y también de explotación infantil- con el argumento de la creación de puestos de trabajo? Todos/as sabemos que las condiciones de trabajo de estas empresas son de miseria absoluta, esclavitud y explotación, por la destrucción de los puestos de trabajo locales de cada empleado/a despedido/a con su sueldo pagan a dos personas cobrando una auténtica miseria y trabajando mas de las ocho horas diarias.

Mantienen una política bipolar con su relación con España por que así viven cómodamente moviéndose como las serpientes de agua en una charca en ambos ámbitos ideológicos de pertenencia a España y reivindicación de Independencia que solo lo practican el día del Alderdi Eguna y en el Aberri Eguna.. Sin embargo, el Nacionalismo revolucionario de la IA - Izquierda Abertzale. (Ahora llamada izquierda soberanista) Si defiende ideológicamente el Internacionalismo Proletario —aunque su practica es bastante deficiente- pero no como la concepción comunista Estalinista del antiguo PCE, en la que se uniformizan los pueblos negando su identidad cultural.

Y es aquí donde está la diferencia y lo que se entiende como "Nacionalismo revolucionario de Izquierdas"

Tanto el PCE, como PSOE y la CNT y los partidos marxistas que surgirían mas tarde en España; Maoístas, Trotskistas, Marxistas revolucionarios, antiautoritarios y otros grupúsculos en su tiempo cayeron en ésta contradicción ideológica surgida del obrerismo sobre todo de la Internacional comunista y socialista y las influencias Imperialistas españolas de las que luego el Fascismo se hizo Propias. Este concepto de la época de Felipe II y Carlos V, en su empeño de practicar el pensamiento único — tal como el PP y el PSOE hoy en día- en la uniformización de España en el concepto de ser un sólo país, hablando una sola lengua y sin identidades propias, en la que solamente se reconoce una "Cultura Regionalista" que hablan otras lenguas del pasado, aún en la Izquierda Española permanecen totalmente ancladas e insertadas en el subconsciente colectivo y no entienden cómo otros pueblos reivindican tener su propio poder de autogestión política, cultural y económica propias.

Esto sin embargo no obsta que en un futuro cuando no existan Gobiernos españoles de ningún signo, podamos ser solidarios con el resto de los pueblos bien sean de España o de cualquier otro lugar del Planeta.

De hecho hoy en día Euskal Herria aporta económicamente al Estado Español más de dos billones de euros, con los que se mantienen económicamente y solidariamente a otros pueblos de España aunque desde algunos partidos se hable de que los vasos tenemos unos privilegios otorgados a dedo y que somos insolidarios. De esa cantidad solo una "cuarta" parte redunda de nuevo en Euskal Herria. En otro Plano, el Gobierno vasco, es el que más aporta económicamente de toda España, para políticas de solidaridad en los Países del Tercer Mundo. El respeto mutuo del principio del Socialismo, comienza cuando nadie a nadie trata de obligar a ser lo que no se quiere ser, y eso es vivir en libertad. Los vascos no tratamos de obligar a nadie a no ser lo que quieren ser, pero esa relación recíproca no existe por el lado español ni se entiende desde los sectores de Izquierdas de España, El Internacionalismo lo entienden desde un concepto de naciones como España y no como pueblos por que por un lado el Chovinismo del siglo XXVII aún permanece y después también el Dogmatismo ideológico del Marxismo del siglo IXX y el Leninismo doctrinario determinista aún permanecen en los conceptos de las Izquierdas europeas.

Hoy en día la globalización hace que tengamos que aplicar el concepto de Materialismo Dialéctico y el análisis Marxista, en otros conceptos que no sean las de las Doctrinas, Dogmas absolutas ni consignas decimonónicas. Discursos obsoletos del pasado y de la revolución rusa de 1917. El pasado se usa como análisis Histórico pero no sirve para el presente ni para el futuro el materialismo histórico de Marx como herramienta aplicable por ser dogmática y determinista, si no que ésta herramienta hay que reciclarla en las nuevas realidades que están surgiendo en el Planeta. Los cambios históricos no se dan por que si, se dan según los movimientos que empujan a la transformación de los procesos de cambio que pueden ser relativos e imprevisibles y de una forma global holística. El resultado es el producto de un desorden que luego se vuelve a ordenar según la "Ley del Caos" Desde el Microcosmos Vasco hasta el Macrocosmos Planetario, existe una interrelación Global y Holística en la que todo se mueve cuando se mueve lo pequeño. Y ahí tenemos que mover en nuestro -País Vasco- para que luego se mueva en el Planeta y nosotros movernos también cuando se mueva el mundo. La Ciencia Determinista del concepto Cartesiano en la que se basaba el Marxismo con su materialismo histórico del siglo IXX esta totalmente obsoleta hoy en día.

La Ciencia Subatómica trae nuevos conceptos del movimiento del microcosmos Atómico que también se manifiesta en el Macrocosmo Universal. Y en la naturaleza provocado por los hombres a través del tiempo y que afectan al final a toda la humanidad.

Por ello tenemos que analizar la interrelación que tenemos en todos los movimientos que se dan en el Planeta para así crear un nuevo concepto de pensamiento del Anarquismo y asumir la concepción de las nuevas realidades que surgen a nivel planetario, desde la lucha de clases y otros conceptos de lucha; Feminismo, Ecologismo, Xenofobia, Racismo y otros hasta las libertades de todos los pueblos del mundo.

El Imperialismo Castellano sobre las nacionalidades de la Península Ibérica

Los partidos de izquierda españoles aun no han abordado un debate serio sobre la cuestión de los orígenes del nacionalismo español en la que están consciente o inconscientemente inmersos y que defienden el centralismo de Madrid frente a Nacionalistas Catalanes, Vascos o de cualquier otra nacionalidad del país. Ello se debe a que desde hace años siempre se ha insistido en que la unidad de eso que llaman España viene desde los "tiempos inmemoriales antes de que existieran habitantes en la península y los dinosaurios pisaban las tierras de la Rioja", este axioma tan repetido ha quedado tan incrustado en el subconsciente colectivo español que abrir los ojos a la realidad de que España es un país de naciones que fueron unidos por la fuerza unos y "voluntariamente otros" y que las naciones que conforman el país pueden también tomar sus propias riendas y sus propios caminos emancipándose de esa unidad nacional de acuerdo a los intereses políticos o económicos, tal como lo hicieron en su tiempo uniéndose por las mismas razones.

La izquierda española en su mayoría por miedo a enfrentarse a ese axioma de unidad nacional sobre todo tan fomentada a machamartillo durante la época franquista no es capaz de salvar la contradicción de que la libertad esta en que los pueblos puedan elegir sus destinos propios y autodeterminarse. Si la izquierda española no se enfrenta a ese axioma de imperialismo castellano es por miedo y cobardía principalmente por que podría perder votantes y ganarían las elecciones los partidos de derechas provenientes de los oscuros tiempos franquistas y también los nuevos partidos de ideología neoliberal capitalistas que se aprovechan de la unidad nacional para deshacer ese estado nacional para conseguir sus fines económicos capitalistas, privatizando todo lo que haga falta privatizar desmontando el bienestar publico que sirve a la salud, educación, pensiones, etc. La izquierda española de todo tipo de siglas incluidos hasta sectores anarquistas históricos incluso los movimientos extraparlamentarios tiene que hacer una reflexión sobre su posición colaboracionista con el imperialismo castellano o de lo contrario no puede llamársele izquierda.

¿Porque no se escucha mas música euskaldun en los bares?

El otro día me fui a un bar de un conocido de Indautxu (Bilbao) a tomar café donde siempre hay buena música Rock y le pregunte por que sólo ponía Rock en Español y en Ingles y no ponía nada en Euskera que tambíén hay buenas bandas y músicos, aporte algunos nombres de artistas vascos y a él le sonaba a chino todo.. Respondió que él no conocía apenas nada de ese campo y eso que vive en Bilbao desde que nació. Pregunte si en la escuela no le habían enseñado euskera ya que tiene 31 años, Su respuesta fue afirmativo pero que casi se le había olvidado por que no lo hablaba con nadie apenas y en su casa eran de origen castellano —Curiosamente en Bilbao mas de un 60% de la población conoce el euskera pero no lo hablan mas que un 20% aproximadamente- en el sistema de enseñanza vasco la mayoría de los alumnos matriculados están en el modelo bilingüe. Le respondí que en Euskal Herria había buenas bandas de rock de muchos estilos tan buenos como las inglesas, americanas o de cualquier otro país.

Su respuesta fue que la mayoría de la gente no entendía el euskera o que no lo habla y que era un hándicap para poner música euskaldun en bares de esa zona (Indautxu).

Me quede perplejo y respondí si a ver la gente entiende todas las canciones en Ingles, por esa regla de tres era lo mismo. Se quedo un poco dudando y me respondió que era cierto, que esa reflexión no se lo había planteado nunca y que la verdad es que nos hemos acostumbrado al sonido del ingles en las canciones y esta muy interiorizado en nuestras cabezas y que por eso lo nuestro (Euskaldun) lo asociábamos a las Taskas abertzales, a las Txoznas de las fiestas de pueblos - Euskalparlantes- Gaztetxes y bares de pueblos muy euskaldunes, a la Feria de Durango y otros eventos como la Korrika, Nafarroa Oinez , Araba Euskaraz o Herri Urrats, festivales de grupos de jóvenes del

Gazte Eguna y también los que de vez en cuando se organizan en Donostia para resucitar el espíritu de Ez dok amairu. Donde los grupos mas actuales son invitados en muchos eventos organizados en los pueblos como Euskal jaiak, celebraciones de Ferias Gastronómicas al estilo del ultimo Lunes de Gernika, Santo Tomás

Hay otras clases mas de eventos relacionados con lo que mas nos gusta a los vascos y vascas; Comer y jolgorio –Somos bastante Dionisiacos de carácter- de sexo no hablaremos por que es Tabú.

Sin embargo en las ciudades vascas como Bilbao o Vitoria-Gazteiz y en Donostia-San Sebastian en un 95% todo lo que se escucha en los locales públicos es música comercial bien del Hilo Musical que ya esta en declive total, Algunos de Radio Euskadi en su cota 100. FM donde a veces si suenan músicos y grupos euskaldunes; en su mayoría cafeterías, bares de pinchos muchos con música de Spotify y sus listas prefabricadas donde lo hortera es lo más común. Amen de otros bares que nos martirizan con la Bachata y el Reguetón o con otras especies espantosas de mezclas electrónicas. Y en el caso de muchos Pubs nocturnos roqueros la música anglosajona es preponderante. En las grandes discotecas la música euskaldun es innombrable pero la basura Tecno,House, Máquina y derivados es insoportable, alienante, aborregante, embrutecedor mental si no estas empastillado hasta el culo.

Ello me lleva a la reflexión de que hay un rechazo proveniente del subconsciente colectivo hostelero vasco (Bilbao sobre todo) hacia la música euskaldun y una falta de cultura musical relacionado con ella, una ignorancia de la existencia de otra realidad que existe en Euskalherria. Que la globalización y poder de las grandes cadenas discográficas influyen en ello y en todos los medios de comunicación es más que evidente.

Estamos lobotomizados por la industria anglosajona y dejamos que ellos impongan la música que debemos de consumir. Y esto me lleva también a que es extensible en otros campos como el Cine, Teatro, y todo lo relacionados con todo lo referente cultural euskaldún, aunque hay avances en todo este mundillo en hacer obras de teatro, cine vasco y lo demás.

Desconozco si las Instituciones tienen algún presupuesto para el desarrollo de la cultura vasca –Imagino que si- y cómo se administra y distribuye éste presupuesto. Pero a la vista esta que esa labor debe de ser poca o ineficaz ya que no veo avances cuantitativos sobre éste tema o me lo parece.

En lo que se refiere a nosotros/as los/as vascos/as también tenemos una parte de responsabilidad al dejarnos llevar -y esto ocurre en muchos pueblos euskaldunes- Por la asimilación de la juerga relacionándolo sólo con la música de origen sudamericano como el reguetón y demás músicas de escasa calidad y otros ruidos "musicales" (lo más basura de ésta música) lo cuál no es óbice cuando se trata de lo mejor de ésta música cuando esta hecha por grandes artistas del Cono Sur, pero que en un bar se pida Reguetón macarra, música electrónica de barraca o flamenquillo del malo creo que hay algo que no funciona. En Euskal Herria tenemos todo tipo de estilos de música lo mismo en Castellano que en Euskera y creo que para bailar no hace falta que nos machaquen con el Reguetón y la Bachata macarra de algunos grupos infumables o de figurines creados artificialmente con pose de Latinos. En mi opinión de lo que conozco en éste campo hay músicos latinos con mucho mas nivel que todos esos guaperas creados de "Laboratorio" Una vez hice un experimento en un bar de un amigo en Bermeo donde la gente bailaba una canción de reguetón luego pase a pinchar a Juan Luis Guerra.

Todo iba bien hasta que pinché a un grupo Cubano muy conocido llamado el Septeto Santiaguero y de repente observo como se deshacían algunos corros de baile y se acercaban a la barra a pedirle a mi amigo otra música ¿No se puede bailar con el Septeto Santiaguero o es desconocimiento de la más pura música latino-cubana? Y qué decir del Chilout y otras músicas electrónicas que son insoportables ¡Y por favor quitarme esos concurso de principiantes de cantantes que luego van a ser usados con fines comerciales y que cuando no interesan les darán la patada en el culo.

La gente sólo baila aquello que conoce y escucha en las emisoras de radio, Tv, Internet u otro medio y que sólo consumen aquello que les ofrecen las cadenas comerciales y grandes industrias discográficas que fabrican esos productos de música basura para sobrevivir ya que sus paradigmas de producción se han quedado obsoletas – También por que las tendencias actuales de los nuevos artistas van por caminos de autoproducción propias creando sus propios sellos discográficos y se extienden a través de las Redes Sociales y de canales de Internet para hacer y dar a conocer sus músicas-

Pienso que el "publico" masa alienada carece del espíritu crítico y cultura musical para discernir la basura musical de lo que es arte de verdad. Una música consumista que se les ofrece sin ninguna calidad y verdadero arte −quizá también por que la asignatura de música en los sistemas de enseñanza brilla por su ausencia- Sólo una minoría indeterminada que conoce otros estilos musicales no se rige por éste axioma y son mas consecuentes y exigentes cuando se trata del verdadero arte de l música. Esos son los que escuchan y van a conciertos a ver a las bandas u orquestas sinfónicas de sus preferencias sean del estilo, lengua o idioma que sean.

Pero mi última pregunta es ¿Porque no se escucha más música euskaldun en los Bares de Euskal Herria? Sencillamente mi respuesta es que la cultura euskaldun aun sigue en minoría en nuestro país vasco, que la aculturización de la influencia española y la cultura imperialista de la globalización; sobre todo anglosajona nos esta haciendo retroceder de nuevo como retrocedimos durante el franquismo. Y como decíamos mas arriba la propia ignorancia de los propios vascos o la falta de concienciación. También por ir perdiendo identidad son parte importante y responsable de esta situación. La verdadera euskaldunización de nuestro país vendrá cuando tomemos conciencia de nación y demos prioridad a nuestra cultura en todos sus vertientes; Literatura, arte en general, lengua….. Cuando aumente nuestra autoestima de que lo vasco vale tanto o mas como el de los otros Cuando seamos una nación libre e independiente y podamos planificar nuestras políticas propias de enseñanza.

Apuntes sobre el uso del euskera en Bilbao

"No obstante, es evidente que muchos habitantes de la capital vizcaína siguen viviendo ajenos a la realidad del Bilbao vascoparlante. Porque, aunque todavía a mucha gente le resulte un ejercicio imposible unir ambos conceptos -Bilbao y euskera-, lo cierto es que miles de bilbaínos utilizan a diario la lengua de Axular. Y la utilizan en más situaciones y contextos de los que una mirada poco entrenada pueda suponer.

De hecho, ese abigarrado tropel de euskaldunes capitalinos abarca un abanico de categorías profesionales y tipologías humanas de lo más variado. Lo cierto es que, por razones de diversa índole, todo ese ámbito sigue sin conseguir la visibilidad que corresponde a su peso sociolingüístico y a la corriente histórica que lo ha traído hasta aquí"

28.09.08 – El Correo
PEDRO ZUBEROGOITIA Y AITOR
ZUBEROGOITIA
| AUTORES DE 'BERTAN BILBO. BIZKAIKO
HIRIBURUA ETA EUSKERA: XX. MENDEKO
HISTORIA'

"Ser Anarquista es ser Feminista, Solidario, Antihomófobo y Antixenofobo, Libertario, Ecologista, Naturista, Igualitario, Antirracista, Antifascista, Pacifista, Internacionalista, Anticapitalista, Asambleario, Antipatriarcalista, Antiautoritario" ¡¡De lo contrario no has entendido nada!!

ESCRITOS SOLIDARIOS CON LOS HOSTELEROS VASCOS

EN UN VIEJO BAR

En aquél viejo bar Donde las imágenes de
sus viejos carteles son ya cadáveres

Miraste mis ojos Invitaste con tu sonrisa
a que me acercara

Escribías poesía con tu aura

Te acercaste a mi cuerpo invitándome a
sentir tu corazón palpitante

En tus aposentos Donde reinas por las
noches

Aparte los cabellos de tu cara para
acariciarte con mis manos

Tus labios pedían un besoMe apretaste
sobre ti con tus suaves y delicadas manos

Te arrodillaste ante mí

Me abriste las puertas del cielo y
desataste una tormenta de sensaciones

¡Ay Bilbao como has cambiao!

"Toda ésta reflexión viene de un debate de mi muro en Facebook sobre "Azkuna como mejor alcalde del Mundo" y la realidad que yo veo del Bilbao actual y su negro futuro a largo plazo si no cambian las cosas y no cambiamos de dirigentes en las Instituciones del municipio" La gerontocracia siempre trae olor a Amoniaco rancio olor de gabinete de forense.

Si Bilbao tuviera vida nocturna diaria habría más trabajo, Habría más hoteles llenos y se consumiría más en el comercio de día. Vendría más gente a la ciudad y sería más cosmopolita. Azkuna ha hecho una ciudad como a él le gusta y como les gusta a la gente de Derechas.- Bilbao es de Derechas de siempre bien sea Vasca o Española- Una ciudad Liberal implica una ciudad Capitalista y Neoliberal. Es una ciudad de imagen pero sin un verdadero contenido. Eso para el Marketing es malo, de hecho en muchos foros consideran a Bilbao una de las ciudades más aburridas del mundo. Si picas en Google

"Bilbao ciudad aburrida" o algo parecido veras lo que sale!! De hecho el efecto Azkuna ha encarecido la ciudad, los sueldos son mileuristas y la población apenas tiene dinero para divertirse. En la era industrial Bilbao tenia un ambientazo enorme y al desaparecer la industria por no renovarla a tiempo, por no ponernos al día y por intereses de los terrenos para especular de Euskalduna o de Altos Hornos, aunque la industria en bruto estaba obsoleta podría haberse invertido en otro tipo de desarrollo como se hizo más tarde en Zamudio y no en una ciudad de servicios. Ya sabemos lo que es esto; Pobreza para la gente, paro y miseria intelectual y cultural. Eso es ahora Bilbao a pesar del Guggenheim. La cultura en Bilbao según los políticos son institucionales y todo lo que no sean instituciones o controladas por ellos no interesa; Caso kukutza. No interesan conciertos en los Bares, Cafés, Músicos callejeros o artistas, si . Interesa en Verano para engañar al turismo que creen que estamos siempre de fiesta y con las calles llenas de artistas, etc. Los "verdaderos" artistas casi apenas se les ven más que en recintos alternativos como los de Zorrozaurre u otros sitios casi siempre Underground

Cuando llega el invierno es cuando se ve el verdadero rostro del Bilbao Gris, Cateto y provinciano de la ciudad. Bilbao necesita un nuevo alcalde con ideas, que haya viajado por el mundo y para que vea lo que es una ciudad de Cultura como Newyork, Ámsterdam, Paris, Berlín, etc. Este alcalde ya esta caduco, obsoleto, ya no vale para los nuevos tiempos del siglo XXI. Bilbao esta perdiendo competitividad y las razones son varías; No existe apenas participación ciudadana y la que hay se le reprime o se les coarta cada año con más cosas; caso Astenagusia.

Ya apenas quedan fiestas en los Barrios, Azkuna se los esta cargando. Otra de las razones es la inflación de precios en todos los campos. En Bilbao es cara la ropa, la comida, los cubatas, los cines, el teatro y así con todo. A un turista de Madrid no le motiva venir y pagar un pastón por comer en un restaurante o comprarse ropa de las marcas iguales que tiene en su ciudad. Por eso están dos días y nada más. No gastan casi nada y se limitan a sacar fotos a los pinchos de los bares y luego se marchan: Que te cobren por un pincho y un vino 6€ en la Plaza Nueva es un auténtico robo. Y esto no pasa sólo en Bilbao si no que en toda Euskadi. Aquí todo es más caro que en otras partes excepto Madrid y Barcelona u otras ciudades que no recuerdo ahora. Se inflan los precios y eso hace daño a la competitividad, lo dicen los mismos economistas.

El IPC aquí es mas grande que el PIB, no es real aquí no se gana 2500€ como se dice en las estadísticas, por que el dinero de los ricos se divide estadísticamente con el de los pobres, los sueldos ya no son altos aquí como antaño; La gente ahora gana 1000€ 800€ y los jubilados mayoritariamente viven con 600€ o menos. Hay familias que no llegan a fin de mes. Y los precios de los alimentos no están ajustados a la capacidad de consume de la clase trabajadora, están inflados en mas de un 300% y eso tiene que cambiar por que a la larga perderemos capacidad adquisitiva, competitividad respecto a otros lugares en España, crecerá el desempleo y aquí no quedaran mas que viejos carcamales como Azkuna y los viejos y viejas que le votan.

Pdta. Un imbecil me envía un mensaje a mi Facebook para sugerirme que me vaya de Bilbao si no me gusta. A mi me gusta Bilbao, pero un Bilbao mejor hecho que el actual. Un Bilbao donde este mejor repartido la riqueza y el empleo, un Bilbao donde no se prohíba el arte en bares, pubs y locales alternativos, un Bilbao donde haya vida nocturna y no una ciudad fantasma por las noches, un Bilbao mas alegre y divertida. No éste asilo de ancianos al que estamos caminando y a largo plazo a la pobreza y el exilio forzoso de los jóvenes trabajadores/as al extranjero.

¡Good save bilbao!

Esos bares donde el camarero vestido de pingüino te hace la rosca y te llama señor o señora depende el sexo y después de servirte la consumición te dice si quieres picar o pinchar algo y cuando contestas negativamente te pone cara de asco, donde la gente te mira para ver quien eres a reojo y luego se acercan a la oreja de otra persona y murmuran algo y la otra persona te mira con cara de indagación intentando una mirada disimulada. A veces son sólo mujeres que te miran según entras y te hacen un examen de escaneo de arriba abajo y luego te observan de reojo para mirarte y también tipos de esos que nunca se apartan para dejarte pasar en un bar y tu les tienes que pedir perdón y te miran como si molestases. Bares donde encuentras idiotas de todas clases y niveles sociales, gente estúpida y mediocre, timoratos que se apartan de ti por sus miedos interiores, pijos que hablan de sus coches y de la rubia que conocieron anoche y están con el móvil en la mano como si formase ya una pieza más de ella, pijas que hablan de tiendas de moda mientras están todo el rato chateando no se sabe con quién, imbéciles jugando al Pokemon-GO, "Señores" de cierta edad y que son pequeños empresarios que escanean el local para fijarse en alguna de esas mujeres que antiguamente daban la vuelta a la tacita de café como señuelo o se fijan en jovencitas para relamerse su asquerosa adicción al sexo de pago. La gente hortera hablando de sus vacaciones en Ibiza, patanes que te miran por encima del hombro, jilipollas con trajes, pusilánimes que se ríen solos sin saber por que, grupos de Chonis rubias peluqueras marcando tipo de gimnasio y ropa de marcas y a veces también encuentras alguien normal o algún turista mirando los pintxos con cara de seta y por no faltar el Senegales que te vende relojes, cachivaches made in China, discos del Top Manta, etc.

También esos matrimonios burgueses con cara de aburridos que te miran y siempre te encuentran algún fallo de zapatos, vestidos o que tienes cara de tal o cuál o que pareces médico o escritor, y llevan una vida intelectual miserable y rancia y además son socios del Athletic o cualquier otro equipo de futbol al que dan culto religioso y pagan cuotas astronómicas por un asiento en el campo de futbol para fardar ¡Claro! En Bilbao es lo que mola y a poder ser ostentar con mucho brillo.

Otro tanto cuando van a la Iglesia echan unos céntimos al cepillo. Van a misa a comulgar para que todos vean lo cristianos que son hipócritamente. Y así con otros individu@s y demás faunas de ésta mediocre y miserable sociedad carca llena de viejos derechistas que habitan desoladamente en ésta "Cárcel" decadente y enferma Villa bilbaína.

Menos mal que algunas veces algunos bares se salvan por que hay loc@s trabajando detrás de la barra. Necesitamos mas bares de loc@s con sus locas músicas que insuflan arte y erudición crítica musical. Combatientes de la mediocridad del Chil Out o el Reguetón o esa otra insulsa música de los 40 Principales y de Radiofórmula. Necesitamos más bares donde vayan loc@s, bohemi@s, idealistas, colgad@s, inadaptad@s de la sociedad, artistas, intelectuales, torcid@s del Sistema y demás especies humanas que pululan por el mundo. La mayoría de los bares de Bilbao y Euskalherria aburren y cuando algún hosteler@ intenta hacer algo distinto es mirado con lupa por la sociedad y la Autoridad "Competente" **¡God save Bilbao!**

Tabernas de Bilbao

"Tabernas de Bilbao que tanta fama disteis, que tantos chascarrillos vivisteis, tantas canciones nos disteis. Tabernas de Bilbao donde olía a Sardina seca, banderilla agria, huevo cocido y bakalao. Tabernas de Bilbao donde obreros y obreras os mirabais y os amabais. Tabernas de Bilbao que rendían culto al dios Baco y fumaban tabaco. Tabernas de Bilbao de vino de pellejo, jarra Cafetera y vaso de levantador de vidrio. Tabernas de Bilbao que ya sois recuerdo cuando el Txikitero esta cuerdo. Tabernas de Bilbao alma y templo del bilbaíno" *Gotzon Monasterio*

¡Cuando hablemos de Bilbao tengamos siempre presente sus tabernas de solera y ambiente de Euskadi entera venida su gente! (Bilbainada incongruente)

¡Saludos!

Va por esa hostelería de gentes trabajadoras, familias, jóvenes emprendedores con ideas y luego represaliados por las instituciones, por ese bar del barrio. Aquí no entran los grandes Trust´s empresariales de las grandes cadenas franquiciales que obligan a cerrar los bares de los naturales del país y empresarios de los grandes hoteles y restaurantes de Pitiminí. Va por los trabajadores explotados y sin convenios desde hace años, mal pagados y cumpliendo horarios esclavos. Va por todos esos amigos/as que conocí durante la noche bilbaína y que me invitaron a tocar en sus locales ¡Verdaderos sufridores hosteleros represaliados por atreverse a desobedecer las leyes de la autoridad incompetente que no entiende ni de cultura ni de Bohémia y tampoco a la gente. ¡Va por los que hacen un Bilbao canalla y Bohemio!

Esta sección es para Vosotros/as!!

La hostelería bilbaína y su larga lucha por la supervivencia, los locales nocturnos y un Bilbao mejor!!

" Un Ingles vino a Bilbao

A ver la ría y el mar

Y al ver a las bilbainitas

Ya, no se quiso marchar…"

"Esta vez se marchan después de ver el Guggenheim "

En el programa de SIML - Sin ir mas lejos presentado por Klaudio Landa de la eitb no se abordo realmente el "problema" artificial creado por las instituciones bilbaínas sobre el ocio nocturno. La voz de los representantes de la hostelería nocturna fue abortada por las llamadas de los televidentes (La mayoría se desviaban del tema y otros/as solo decían boutades y letanías creadas en los medios de información) Bilbao como siempre, esta en la vanguardia de lo que no debe de hacer una ciudad que se declara como centro de turismo y servicios. Si perseguimos a la Hostelería con leyes anacrónicas muchas veces interpretadas arbitrariamente llegaremos a un momento en el que la vida nocturna no exista en nuestra ciudad. Si esta desaparece las consecuencias van a ser catastróficas, los jóvenes bilbaínos/as se marcharan a otro lugar cercano donde este mas tolerado el mundo nocturno, no solo a divertirse sino que también a buscar un puesto de trabajo, emigrarán bien al interior de Euskadi o al exterior; Europa, USA, Asia.

La deriva que llevan las Instituciones bilbaínas conducen a eso y al final, ésta lugar será el mejor lugar del mundo para el turismo de jubilados, será el paraíso soñado que buscan; Sin ruidos, sin jóvenes que alborotan, casi sin niños molestos que juegan al balón ¿Por qué no regulan jugar con el balón solamente en zonas adecuadas para ello? ¡Ya puestos! ¡Que felicidad para el abuelo y la abuela! Podrán quejarse de todo por aburrimiento. Y no digamos lo que sucederá con las empresas que organizan congresos y ferias, si no hay un lugar para ir a tomar una copa después de una cena de empresa en un restaurante exceptuando un local de alterne de chicas o tomárselo en el bar del Hotel marcharan a otros lugares como Madrid, Barcelona

También otra ciudad que se postule con servicios suficientes a organizar sus eventos congresuales ¡Echemos lo poco que estamos aprovechando de congresos ahora!

Bilbao será un museo Guggenheim en grande y ya sabemos que en los museos sólo se exhiben cosas muertas e inertes al que algunos llaman Arte o las artes de aquellos que han triunfado como artistas de renombre vivos o muertos. El resto del arte vivo en bares, pubs y derivados queda prohibido y solamente el "Arte oficial" en todas sus expresiones artísticas como; música, teatro, opera, pintura, escultura y otras manifestaciones será lo que impere en sus recintos cerrados como el Arriaga, Guggenheim, Euskalduna, La Sociedad Bilbaína, Centros Oficiales de Distritos y otros organismos oficiales, Bellas Artes y los otros tipos de museos que hay en la ciudad. Lo demás, si no es negocio para las empresas afines a sus partidos quedara excluido y prohibido por leyes dictadas a sus intereses particulares, también el control de la calle

(Ley Ciudadana de Azkuna) La iniciativa particular se considera competencia peligrosa (Por que puede crear tendencias artísticas de todo tipo distintas a las oficiales y solamente interesa que el público consuma aquello que se da oficialmente con sello. Como válido por el sistema) para las empresas privadas que organizan los espectáculos oficiales (1) No tener otra visión aparte del PENSAMIENTO UNICO casposo y reaccionario que hoy impera a machamartillo en Bilbao nos conducirá en el futuro a lo que hemos descrito más arriba ¡BILBAO, EL MEJOR ASILO DE ANCIANOS DEL MUNDO!

(1) Aniversarios de Bilbao, espectáculos de verano en la calle, BBK Live, etc.

Dos gamberros haciendo cola para una performance para la eitb

Esta tarde hemos participado en un acto de protesta realizando una acción performance que ha salido en el programa de Claudio Landa sobre las 17:30h. El acto consistía en entrar con un número hasta el 29 que es el máximo de afluencia de Público que debería de dejar entrar el Pub BOWIE ubicado en la calle Licenciado Pozas, según la Ley de Aforos y Seguridad de locales hosteleros. Después nos situamos en la zona derecha del local donde existe un hueco grande y allí cabíamos tod@s los que acudimos.-29 personas- y el resto del local estaba totalmente vacío. Ésta medida sobre el local y su aforo esta mal calculada. Es absurdo que un local de mas de 80m2 tenga que tener un aforo tan limitado. En otros locales de las mismas características y de la categoría hostelera a la que pertenecen no les exigen tanto ni les interpelan policialmente con constantes controles, espionaje e inspecciones que casi rozan el mobing. El local ha tenido que cerrar de momento y espera a que se haga una resolución más justa sobre su problema y pueda seguir trabajando tranquilamente y en regla. Y las resoluciones de aforo o sus leyes sean revisadas y se repartan mas justamente a los locales hosteleros, por que son la vida de tod@s l@s Bilbain@s. Sin los locales hosteleros nocturno no hay vida en Bilbao ni porvenir y un futuro incierto a largo plazo se vislumbra para las nuevas generaciones de ésta villa que mas que una ciudad turística parece un Panteón enorme con habitantes zombies por la calle y un lugar idóneo para las vacaciones y turismo de Jubilados.

Siguen los problemas con las leyes de aforo en hostelería

Seguimos con el problema de los aforos de los locales bilbaínos sin resolver !! La situación para el Turismo internacional de #Bilbao es patética si se cierran los locales Ámsterdam, Paris, Londres, Berlín, nocturnos. Esto unido a que los artistas y músicos no tienen espacio donde exhibir su arte Ni siquiera en la calle Hace imposible desarrollar una verdadera ciudad turística al estilo de Dublín, Ámsterdam, Paris o Berlín. Solamente se permite aquellas atracciones organizadas por empresas que trabajan con las instituciones y en las que éstos hacen negocio a cuenta del contribuyente que es el que paga (Bilbao800, Baskefest, Eventos de las diversas Asociaciones comerciales BBK Live, Bilbao Art Distrit, Etc) También los eventos oficiales del Guggenheim, Palácio Euskalduna y los festejos de "Entreamigos" donde se reparten premios entre ellos mismos. La falsa imagen de Bilbao que se da al mundo, no es mas que una foto-postal sin verdadero músculo ni contenido de lo que podría ser Bilbao como ciudad de atracción turística auténtica lleno de actividad, dinamismo, riqueza cultural desde la alternativa (Que ahora se desarrolla de forma Underground) a la oficial de sus teatros, salas, museos oficiales y Edificios gubernamentales, en las galerías de arte comerciales y demás txiringitos de amiguetes que hacen el peloteo a los mandamases para sacar tajada propia para sus bolsillos a costa del dinero público...

Sin vida nocturna Bilbao es el lugar mas aburrido del mundo. Detrás de esa estampa también sus habitantes los mas pobres de Euskadi (Mileuristas en cantidades industriales) y la que más emigra a otros países por falta de alternativas y opciones de trabajo y de establecer un negocio hostelero innovador. Si Bilbao y sus habitantes Octogenários (Cada vez hay más jóvenes que emigran al extranjero) no cambian su mentalidad provinciana cateta y se vuelven más permisivos y abren más sus mentes, esta ciudad esta condenada a un futuro negro a largo plazo.

Hosteleros y artistas de todo tipo piden firmas de apoyo para desarrollar y exhibir su arte en los bares y pubs de euskadi

De manera espontánea un grupo de Hosteleros y artistas de todo tipo incluido el que escribe; Músicos, Magos, Performance, Teatro, Clows, etc. -que intenta crear una plataforma de protesta para que dejen desarrollar conciertos en bares y Pubs en todo Euskadi- han elaborado una carta de petición en CHANGE-ORG para cambiar las leyes que actualmente impiden desarrollar éstas actividades de una forma normal y legal sin que sea perseguida por las autoridades.

En su escrito abogan y aducen que "En estos momentos existe una cierta ambigüedad sobre la legalidad y la potestad de permitir actividades culturales de pequeño formato (conciertos, teatro, exposiciones) en bares, restaurantes, tiendas de discos, pubs, y en el comercio en general en el País Vasco"

También aducen que al igual que en Berlín, Dublín, Londres, Paris, Ámsterdam se pueden desarrollar eventos en unas horas razonables Eventos y actuaciones de pequeño formato "Consideramos que si un local está lo suficientemente insonorizado para llevar a cabo una cierta actividad de este tipo (por ejemplo, un show acústico) sin que suponga una molestia para los vecinos, debería permitirse su realización"

Según dice el escrito enviado por Patxi Rentería y Gotzon Monasterio -promotores principales de esta petición a Change- esta actividad ayuda al desarrollo cultural de las ciudades y a su riqueza cultural así como en el económico y laboral "Este tipo de eventos son vitales para sostener el tejido cultural en Euskadi, puesto que bandas y demás artistas necesitan de sitios pequeños para comenzar sus carreras y darse a conocer.

Permitir que se realicen dichos eventos tiene muchas ventajas: los clientes pueden conocer a nuevos artistas y nuevos locales, además de que se generan actividades que permiten dinamizar la vida social y cultural en un entorno público en Euskadi.

Hoy en día son muchos los adolescentes y jóvenes matriculados en escuelas de música y otro tipo de escuelas de arte, que reivindican locales donde poder demostrar sus capacidades artísticas. La respuesta a la reivindicación de la población vasca más activa culturalmente debería implicar que se retiraran de la alegalidad aquellos locales donde ya se realizan este tipo de eventos culturales que agradan al público.

En su escrito piden la revisión de las leyes que afectan éstas normativas de prohibición de las actividades que refieren al Gobierno Vasco que es donde se ha elaborado la ley y también a los ayuntamientos para que no apliquen tan drásticamente esa ley en el que terminan "Delinquiendo" y que al final terminan pagando las consecuencias con multas y cierres su colaboración a la cultura extraoficial casi underground que por amor al arte estos colectivos hosteleros desarrollan.

Por todo ello, pedimos al Gobierno Vasco y a las fuerzas políticas vascas que incluyan en el Artículo 31 de la Ley 10/2015 el permiso para poder realizar actividades culturales de todo tipo en pequeño formato en bares, restaurantes, pubs, locales alternativos y comercios.

Aprovechamos para pedir también a los Ayuntamientos de Euskalherria en general, y al Ayuntamiento de Bilbao en particular, el apoyo, la promoción y la difusión pública de todo este tipo de eventos culturales en la villa. **Se reunieron 10.200 firmas en Change.org** y sigue habiendo adhesiones.

El Ayuntamiento de Bilbao se compromete a llevar la música en vivo a bares y restaurantes

Primera batalla "ganada"

Hemos "triunfado" con nuestra petición de change.org <<Queremos conciertos y actividades culturales en los bares, pubs y comercios de Euskadi>> pero aun falta ver los resultados reales. Hemos superado la primera barricada pero aun tenemos que superar el resto. Nos hemos quedado perplejos por que el grupo de Podemos, Iu, Equo y Alternativa Republicana llamado "Udalberri" no ha podido consensuar su propuesta con el concejal de desarrollo del consistorio para mejorar una posible solución y crear una normativa mas acorde a los tiempos y mas justa. Esto nos huele a que desde el consistorio no se quiere hacer una verdadera reforma de esas normativas. Por otra parte nos asombramos de que desde Bildu tampoco haya ninguna propuesta al respecto. La propuesta sale de muchos pequeños hosteleros, pequeños comerciantes y artistas canalizado a través de una petición en Change.org -Acción Directa y Democrática- y que al fin se ha escuchado en el Ayuntamiento de Bilbao -no nos importa la afiliación del que la hace posible plasmarlo en la institución mas directa de l@s ciudadanos- y se logre llevar a cabo porque ese era nuestro objetivo así como que el Gobierno Vasco cambie el contenido del Artículo 31 de la Ley 10/2015 y se pueda llevar a efecto.

En nuestra petición hacíamos especial hincapié en el ayuntamiento de Bilbao precisamente por que ha habido muchos conflictos a cuenta de los eventos que organizan los bares (No olvidemos que los bares son el alma directa de una parte muy importante de la dinamización cultural de Bilbao) y lo hacían corriendo el riesgo de acaparar multas, cierres temporales y definitivos.

La petición es para todo Euskadi, y aun no sabemos lo que va a pasar en las otras provincias vascas. Seguiremos pidiendo firmas, no todo se limita a Bilbao aunque eso ya es un triunfo parcial, pero estaremos vigilantes a ver como lo llevan a cabo y las condiciones que exigirán para hacer…..Un concierto o cualquier otro tipo de evento, ya sabemos que la trampa es posible para que las cosas sigan siendo y estando iguales que siempre aunque se anuncie a bombo y platillo en la prensa la disponibilidad de la institución bilbaína en permitir lo que en la petición hemos reflejado ¡Ya sabemos que las elecciones están a la vuelta de la esquina y que todo se promete y después te la meten!

Nota-A fecha de la edición de éste libro aun sólo hay buenas palabras del concejal de desarrollo del ayuntamiento de Bilbao.

En busca del Tiempo Perdido

Corrían los 70, los hippys vendían artesanía en la Gran Vía. Los mas viejos progres iban al Whisky viejo y los más hippys y roqueros al Armstrong y al Zappa o La Jaula. Corrían tiempos de cambios. Bilbao estaba repleto de locales nocturnos a pesar de que vino unos años más tarde la "crisis" de la des-industrialización con la pérdida de empresas emblemáticas como Altos Hornos de Bizkaia y más tarde Euskalduna.

Fueron años duros, alegres también y muy combativos. Había muerto el dictador y las calles se llenaban de manifestantes pidiendo amnistía y libertad.

En los primeros años de esta década en las discotecas sonaban los grupos de música (los conjuntos) Apenas había una discoteca que no tuviera música en vivo; Holiday, Garden, Seis Estrellas, Stela, Arizona, Moby Dick, Tiffanis. Chentes, La Jaula y otros. Más tarde llego la música disco y la música en directo fue desapareciendo siendo los discos los suplentes de la animación de la pista del baile. Fue el principio del declive de muchas bandas buenas que desaparecieron por falta de trabajo.

La calle Iturribide estaba plagado de Roqueros/as, el 90 por ciento de los bares tenían música y abundaban los aparatos de Music Box donde echabas una moneda y elegías la música que tu querías. Alrededor de esta calle existía el Mikeldi (Hoy se llama Muga) bar emblemático de la zona y enfrente de ello estaba la comisaría de la Policía Nacional, cada fin de semana tocaba redada y los clientes con el carnet en la boca, las manos sobre la pared esperaban pacientemente a que terminasen las identificaciones. Algunos creen que algunos clientes eran adictos y venían siempre para tomar un vino y "participar" en la redada.

Varios años más tarde cercanos a los 80´s los estudiantes y cuadrillas de trabajadores y artistas de todo tipo; Pintores, Poetas, Músicos, Directores de cine, Actores

Intelectuales, comenzaron a "Invadir" el Casco Viejo, sobre todo Barrenkale y Barrenkale barrena. Muchos de estas cuadrillas de jóvenes estudiantes y trabajadores y demás fauna pertenecían a partidos políticos; trotskistas, abertzales, peneuvistas, comunistas, maoístas y anarquistas. El ambiente bohemio se hacía notar por muchos estudiantes que Vivian en Bilbao durante la semana y los fines de semana marchaban a sus pueblos.

A las noches después de los cierres de los bares se reunían grupos de gente en la calle junto al edificio de la Bolsa con guitarras y otros instrumentos musicales desde percusión y hasta de viento. Los vecinos molestos les arrojaban agua desde las casas. Los intelectuales en su mayoría se iban a la cafetería del teatro Arriaga que entonces estaban ubicados en sus bajos.

Mas tarde se abrió el primer Pub del Casco Viejo, era un pequeño local de ambiente Gay llamado Kottis, Juan y otro que no recuerdo su nombre eran los mandamases de la barra y el local. Allí se hacían funciones de transformismo y era frecuentado por todo tipo de gente; Gays, Lesbianas, Eteros, Trans y los que hemos descrito antes. También se combinaban las noches de juerga con visitas a la Palanca (Calle Las Cortes) Siendo el local del Bataclan el lugar más visitado. La calle de las Cortes aun tenía ese ambiente bohemio y canalla que mas tarde fue degenerando hacia los finales de los 80´s.

Y sobre todo en los 80/90´s cuando entro la Heroína por las calles y por las venas de los/as jóvenes.

También en la zona del barrio de Deusto se movía el ambiente Bohemio y estudiantil.

La taberna de Octavio era el lugar más frecuentado por aquellos a los que les llamaban "Los Rojos" Era una amalgama de todo tipo de parroquianos desde los Txikiteros a los Anarquistas, pasando por todo tipo de personajes indescriptibles e inclasificables. El Pub Poxpolo ofrecía noches de Jazz, luego los pubs llamados Zoroa (de arriba y el de abajo) el pub

Tobarich, Mas tarde el pub Izangoan, el bar Stones era el mas veterano entonces y un punto de reunión de las gentes del rock and Roll y el resto de Taskas de la zona donde el mundo estudiantil estudiaba la manera de camelar una chica para "llevársela" a la cama. Había mucho Crápula en esos tiempos.

Durante los 80 fue una eclosión con la movida del Rock Radikal Vasco y con la cantidad de bandas de rock que surgieron desde el Punk hasta la "Newwave" Mods, Rockabilly o Indie y otras disciplinas musicales. El GAUEKO y el Gaztetxe del Casco Viejo eran los dos motores que movían el tinglado.

Hubo mucha actividad de revistas (El Tubo) y fancínes que se editaban sobre rock, y la calle Barrenkale era uno de los lugares donde se reunía la gente antes de los conciertos al igual que en el Muga Bar histórico en la calle María Muñoz. Cada tribu urbana se distinguía por su vestimenta y por la música que escuchaban.

A finales de los 70´s también en el Casco viejo fueron abriéndose locales como el GAUEKO y en los 80 ya existían pubs en Barrenkale como el Kaskagorri o el Doll´s (Antiguo Kottis) o Kattu Zaharra que fueron de los primeros. Mas tarde después de las inundaciones surgirían mas locales como La Chufa. El ambiente en el Casco Viejo comenzó a cambiar y acudían gentes de toda clase, sobre todo pijos pero Barrenkale mantenía su esencia roquera y canalla. La hostelería nocturna funcionaba a tope en todo Bilbao, fueses donde fueses siempre había un sitio donde meterte, En la zona de Indautxu también comenzaron a abrirse establecimientos nocturnos y sobre todo en los 90´ como el Cotton Club. Algunos combinaban el diurno y el nocturno como sucede aun con el Café Rock Grafitt. Mas tarde el Bowie. El Oker de Pozas es aun el más veterano de la zona.

En los noventa se abrieron muchos otros Pubs en la zona de Deusto y comenzaron a acudir gentes de otras ciudades cercanas sobre todo los fines de semana. Gente heterogénea desde Horteras, Macarras, Pijos, Pasotas y otras tribus. Lo mismo ocurría en el centro de Bilbao donde iban al famoso Rehala Café Pub, Cheetas, Indaupart, el Woody, El Piano donde siempre actuaba el famoso Pepe con sus chistes malos. La discoteca Flash ya tenia años de historia al igual que el BluesVille en la calle Banderas de Bizkaia, a su alrededor había mas establecimientos donde los/as bilbaínos/as de "Pro" se guiñaban los ojos como comienzo perverso de un posible affaire nocturno o temporal. y mas tarde en las Galerías de Urkijo se plago de locales donde algunos hacían música en directo –El Pub Saloon-. En la zona de la Casilla se abrió el legendario Pub Trapi que aun resiste estoicamente después de 35 años con Chus en la barra y pinchando Vinilos.

Muchos de éstos locales tenían música en vivo pero poco a poco con las nuevas normativas del ayuntamiento y del Gobierno vasco dejaron de hacerlo por que para la mayoría era imposible reunir las condiciones necesarias e inversiones económicas que exigían esas normas. Dejando solo la posibilidad de realizarlo en las Salas de Fiestas, Discotecas, Café Teatros y Salas de Conciertos tipo Kafe Antzokia o Azkena. Ni siquiera se permite aun un concierto acústico en los locales que no reúnan esas condiciones para no ser Apercibidos ni multados por las instituciones.

El Alcalde Azkuna impuso aun restricciones mas duras para no poder hacer nada para satisfacer a vecinos/as carcamales y jubilados por conseguir un miserable voto y seguir gobernando caciquilmente en el Ayuntamiento y ocupando poltrona. Algunos locales semi-clandestinamente hacen conciertos según las características de su local arriesgándose a una multa o cierres temporales del local o definitivos.

Lo mismo fue sucediendo con la vida nocturna de Bilbao. Se limitaron horarios de cierres demasiado restrictivos. Mas tarde llegaría la Ley de la prohibición de fumar dentro de los locales. La vida nocturna de Deusto fue barrida prácticamente. Fue el laboratorio de experimentación para luego ponerlo en práctica en todo Bilbao. Con la escusa del ruido, peleas y drogas, fueron cerrando casi todos los Pubs de la zona y especialmente los de la Galería de Deusto. Hoy en día Deusto es un barrio dormitorio donde funcionan algunos bares de pintxos y la discoteca Holiday´s, distinto de aquel barrio estudiantil y bohemio que fue en sus tiempos.

La crisis económica que llego durante el 2007/08 fue otro detonante de la caída de la hostelería nocturna, el formar parte del Euro también es otra de las causas –nos trajo el empobrecimiento y mermo nuestra capacidad de adquisición por los sueldos bajos- Pero fueron las instituciones los principales causantes de la ruina de muchos locales nocturnos de ocio por las restricciones horarias, normativas y por las prohibiciones de poder organizar algún tipo de evento en sus locales. Los músicos no tenían donde actuar y muchos pasaban verdaderas vicisitudes para poder subsistir sin recurrir a la mendicidad tocando en las calles.

El único alcalde que se mojo fue José María Gorordo que quiso promocionar la existencia de la música en bares y cafeterías, pubs y restaurantes y convertir a Bilbao en una ciudad moderna y Europea con alma y vida tipo Ámsterdam, Berlín, Dublín, Copenhague y si se podía hasta New Orleans **¡Que para eso era de Bilbao!**

Hoy en día Bilbao necesita renovarse en éste aspecto, A largo plazo de no hacer nada se prevé un futuro oscuro, Bilbao ahora es aburrido, triste y gris. La estampa que da como ciudad turística en el extranjero es solamente un bluf. A la noche entre semana no hay a donde ir a escuchar música de calidad o en directo hasta que llega el jueves.

A partir de las dos de la madrugada sólo están abiertos las "casas de citas" Y alguna discoteca donde el ruido no te deja escuchar a tu interlocutor. Los Hoteles tampoco ofrecen nada.

Los fines de semana la juventud que tiene poder adquisitivo se marchan a otras ciudades. También a pueblos cercanos donde haya mas vida nocturna, incluso a ciudades como Madrid, Valladolid, Salamanca y regresan los domingos. Los demás que no van a una discoteca de pastilleros se tienen que ir a sus casas a partir de las tres de la madrugada ¿Dónde esta aquél Bilbao que pasabas todo el fin de semana sin pisar tu casa en tres días?

Pdta. Realmente en dos generaciones no volveremos a conocer aquél Bilbao que conocimos mi generación. Es muy difícil cambiar las mentalidades de esta villa. Pero a medida que vayan cambiando los paradigmas de la sociedad y el mundo, es posible que algún día Bilbao se asemeje al menos un poco a Donosti y si fuera posible a otras ciudades como Ámsterdam o Berlín. Pero esto a mi parecer raya en la Utopía.

El Turismo no se entera de que hay otro mundo distinto en Bilbao

Opino que los turistas no se enteran de las actividades alternativas que se celebran en Bilbao; Conciertos en bares, teatro y performance, exposiciones de arte en locales alternativos de los barrios tipo Sarean Auzokideen Kultur Elkartea - San Frantzisko - BilbaoEA o ZAWP Bilbao, Aulas de Cultura de barrios o Ateneos, fiestas de barrios, etc. No se exactamente que información recibirán de los eventos diarios que tenemos en la ciudad o si les dan éste tipo de información, lo desconozco. Habría que hacer algo al respecto para que el turismo conozca otras realidades distintas a las oficiales y se adentre en otros lugares distintos a las zonas de Pintxos, los Restaurantes que sirven basura como muchos sucursales del Casco Viejo de empresas de Catering de grandes marcas de franquicias que están haciendo un grave perjuicio a la verdadera hostelería bilbaína y que desde las instituciones les aplauden hasta con las orejas y les tiran confetis.

Habría que divulgar a través de alguna página web que se convirtiesen en agenda y guía en otros países para todos los turistas que buscan lo que es realmente original y auténtico en nuestro botxo, donde se incluyese la programación de los eventos de todos los locales que no son los oficiales.

Incluso propiciar y "Publicitar" Aquellos sitios como bares, restaurantes o Pubs que realmente tengan una personalidad y una buena calidad de productos de todo lo relacionado con la hostelería "Alternativa" o que entre en esta denominación como local que aporta culturalmente algo a los bilbaínos/as y a los/as visitantes. Ganarían nuestros barrios y también sería otra manera de enseñar el Bilbao real. Yo lanzo desde aquí ésta propuesta y espero que no sea de un flipao abuelete que comienza a chochear

Las instituciones nos venden la moto con cifras mediocres del turismo!

El departamento de turismo del Ayuntamiento de Bilbao nos da unas estadísticas irrisorias. 562.000 turistas o pernoctaciones ¿Cada pernoctación con cuanta gente? en un año en Bilbao es un fracaso. Aunque sólo sean pernoctaciones (Supongo que muchos serán por asuntos de negocios y no por turismo) Estadísticamente sale a 17.000 turistas por día. Para ser rentable turisticamente necesita la visita de 100.000/150.000 turistas día, serían visibles rn toda la ciudad y no sólo en el Casco Viejo.

Las Instituciones se quieren arrogar un triunfo de mindungui como si fuese lo más de lo mas. Solamente ver el volumen de visitantes de sitios como Donosti por ejemplo les da mil vueltas, y ya no digo como ciudades como Copenhague, Ámsterdam u otros lugares. En la que se forman grandes overboocking turísticos de exceso de personas no nacionales y en la que están rebajando las ofertas turísticas para rebajar el exceso de gente.
Si realmente Bilbao quiere ser una ciudad turística tendrá que aplicar otro tipo de criterios

sobre todo para el ocio y entretenimiento de los turistas y hacer que la ciudad sea atractiva no por el efecto Guggenheim y los pintxos, si no que por toda su actividad cultural nocturna que es donde anda coja. Es deprimente ver recoger las terrazas a las 23:30 de la noche y que te tengas que marchar a búscate la vida para encontrar un local nocturno y acogedor donde te ofrezcan algo mas que las copas y la Bachata macarra al que últimamente se estan aficionando en algunos locales hosteleros que tienen mal gusto.

Precisamente alguien me comento que algunos locales históricos -caso del pub Azulito- vuelven a resucitar por haber cambiado la música comercial por música de calidad.. ¡Señores hosteleros que no os enteráis!

Pdta. Solicite por email y Twitter información sobre estadísticas del turismo en Bilbao a la propia Oficina de Turismo para tener una información más veraz sobre el tema, y no me respondieron.

Bilbao ya no eres Bilbao

"Bilbao, ya no eres Bilbao

Chiquito, alegre y dichoso

Te estas vistiendo de largo

Y ya te sales del bocho"

Santiago Arisnea

Poeta Bilbaíno

EPILOGO

Los finales siempre son el comienzo de otra cosa!!

"El Anarquista es como una termita que va minando los cimientos de todo lo que esta impuesto por la fuerza para oprimir a los seres humanos"

Gotzon Monasterio

Epílogo

Espero haber cumplido las expectativas de lo que quería tratar en este libro.-La verdad es que estoy satisfecho- Mas bien diría destratar. Sin querer teorizar mucho para no aburrir —utilizando un lenguaje llano y comprensible- y sin caer en el puro panfletismo propagandístico, ni en un libro específico teórico sobre anarquismo. Creo que se nota a raudales de donde viene mi espíritu crítico Mi única intención era dar un punto de vista sobre algunos acontecimientos recientes y pasados que han ocurrido en Euskalherria y el mundo. Y sobre la actualidad bilbaína a través de las diversas "crónicas" en diversos períodos desde un prisma crítico personal, alguno lo califica como una manera de dar a conocer mi ideario personal ácrata. No es un libro de ensayo ni propagandístico doctrinario, sólo un pasatiempo. Algunos pasajes reflexivos y autobiográficos y otros de sucesos. Un libro típico de un anarquista hecho anárquicamente.

Buena también la aportación histórica de Mikel Orrantia, Tar del movimiento anarquista vasco y de Iberia durante la transición y el análisis posterior teórico que realiza de los hechos sucedidos en esas décadas, cosa que agradezco de corazón fraternalmente. Un libro pasatiempo que seguramente este enfocado más hacia el campo del periodismo (Histórico) desde la teoría anarquista o una crónica autobiográfica de un "Anarquista Cósmico" que vivió una época del movimiento anarquista de Eukalherria durante los estertores del Fascismo y los principios de la transición española, que nunca transiciono a ninguna parte sino que a una evolución postfranquista en donde todos los partidos políticos históricos aceptaron ese juego de la nueva y evolucionada "Democracia Orgánica" franquista donde pueden entrar los partidos que al sistema interesa y otros son ilegalizados utilizando torticeramente el argumento de ser y fomentar el terrorismo o formar parte de la estructura de estos grupos con unos macrosumarios de cienciaficción en la que se han condenado a centenares de personas por el mero hecho de ser y trabajar políticamente por el independientismo y por la clase obrera. Muchos de est@s condenad@s han tenido que firmar una declaración de asumir lo que nunca han sido y pedir perdón por algo que no han cometido para poder librarse de la prisión, esto solamente pasa en este país llamado España. Una "Democracia" a la que los nuevos partidos surgidos recientemente quieren meter mano para "regenerarla" ¿Regenerar el qué? Si aquí no se hizo la ruptura con el franquismo no es posible regenerar nada.

Opino que el anarquismo goza de buena salud y que siempre será un azuzador ideológico y político hacia el camino de las libertades del ser humano y su trascendencia histórica del futuro.

Su aplicación en el mundo debe de darse de una manera natural y no por imposición ni violencia -esa es la verdadera revolución anarquista, en este caso no sería de verdad anarquismo si no que otra cosa- .Una de las bases del anarquismo es la cultura, cuanto mas culto el ser humano siempre será más libre y es uno de los principales campos que se deben de trabajar. El Anarquismo no es una religión, ni un Dogma, ni siquiera una Doctrina. El Anarquismo es una filosofía de vida que con el ejemplo se ganan los adeptos y se hace causa para llevarlo a cabo en la practica. Aquella imagen de los anarquistas bebiendo Absenta en los cafés conspirando contra el estado —mientras sus mujeres realizaban las tareas del hogar como una ama de casa- no nos sirve de modelo por muy romántico que nos parezca. Caminemos al Anarquismo del siglo XXI.

¡Osasuna eta Askatasuna - Salud y Libertad!!

"La Anarquía no es una religión ni dogma ni doctrina, ni se la idealiza ni se la sueña. La Anarquía es el estado natural de los seres humanos. La Anarquía no se impone llega sola cuando los seres humanos se civilizan a través de la cultura, la solidaridad, la fraternidad y la comprensión de que somos una especie humana de la que solos y aislados no podemos sobrevivir y que la colectividad y la ayuda mutua nos hace avanzar hacia un mundo mas justo y libre. El respeto a la pluralidad de los pueblos y a su libertad son las metas mas nobles de un ser humano. La anarquía no es violencia, si hay violencia ya no es Anarquía, se llama otra cosa"

Gotzon Monasterio

Nota - *Este libro es autoeditado, todas las correcciones están hechas por el autor y también el enmaquetado. Todo fallo es culpa de un Anarquista por ser anarquista.*

iii